생명과 평화를 여는

그리스도인

이 책은 한국기독교사회문제연구원의 재정지원을 받아 출판되었습니다.

# 생명과 평화를 여는 그리스도인

생명평화마당 엮음

동연

# 발 간 사

1979년에 설립된 한국기독교사회문제연구원(약칭 기사연)은 지난 민주화 운동의 시기에 기독교 진보운동의 인큐베이터 역할을 했다. 한국 사회에 민주주의를 정착시키기 위해, 다른 사회운동과 연대하며 자신의 역할을 충실히 수행했다. 수없이 많은 사람들의 희생과 헌신 덕분에, 이제 우리 사회에서 군사독재의 망령은 추방되었고, 형식적 민주주의 체제는 확립되었다. 그러나 지난 민주정부 10년은 한국의 모든 진보운동의 성취이자 덫이었다. 기사연도 예외는 아니었다. 새로운 시대를 맞으면서도 창조적인 대처를 하지 못한 채 지내왔다. 기독교 에큐메니칼 운동이 큰 후퇴를 거듭하는 동안, 보수주의가 한국 교회 대부분을 잠식하며 개신교의 지평 자체를 변경시키고 말았다. 왜곡된 한국 교회는 부정과 부패의 모습, 진리의 왜곡을 너무나도 많이 보여주었다. 이러한 한국 교회의 모습은 우리 사회에 부정적인 영향과 인식을 가져왔고, 그 결과 의식 있는 사람들, 특히 젊은이들은 교회에서 발길을 돌리고, 나아가 정의롭고 더불어 살아가는 사회 형성에 교회를 걸림돌로 인식하기에 이르렀다. 여기에 우리의 고민은 매우 깊어졌고, 희망을 이끌어 내려는 간절함은 더욱 커졌다.

작년에 〈생명과 평화를 여는 2010년 한국 그리스도인 선언〉이 발표된 후, 이 운동이 선언에 그치지 않고 지속적으로 발전하여 금년에 〈생명평화마당〉으로 재출발한 것에 대해 큰 박수를 보낸다. 많은 사람들은 아직 이 운동이 어떻게 진행될 것인지에 대해서 지켜보고 있는 중인 것 같다. 그러나 개신교 진보운동의 지형에 〈생명평화마당〉이 등장하여 활발하게 활동하고 있는 것은 길조임에 틀림없다. 이 운동이 제 역할을 잘 감당하여, 많은 신앙인들에게 희망을 주고 한국 교회와 사회의 변혁에 일조할 수 있기를 기대한다.

기사연의 2011년 계획을 세울 때, 이제 막 탄생하여 아직 물적 기반을 채 갖추지 못한 〈생명평화마당〉의 사업을 지원하기로 결정했다. 그것은 개신교 진보운동의 인큐베이터 역할을 했던 기사연의 본래적인 취지와 부합하는 것일 뿐만 아니라, 이 일이 곧 기사연의 주된 사업이라고 보았기 때문이다. 그 일환으로 이 책을 출판하게 된 것을 기쁘게 생각한다. 이 책이 많이 읽혀 뜻을 같이하는 사람들이 이 운동에 동참하기를 바란다.

〈생명평화마당〉, 이제 걸음마를 시작한 것으로 보이지만 사실 이 운동은 시작이 아니라 새로운 한국 교회를 염원하는 사람들과 교회들이 이미 시작한 흐름에 한데 모인 것이라고 본다. 이 흐름이 도도한 강물처럼 흘러 한국 교회와 사회를 변혁시켜, 우리 사람들은 물론 하느님의 피조물 모두가 더불어 사는 세상을 만들어 가기를 기원한다.

2011년 2월 27일 주일 저녁에
한국기독교사회문제연구원 원장 **성해용**

# 머리말

이 책은 2010년 4월 3일 발표된 〈생명과 평화를 여는 2010년 한국 그리스도인 선언〉(이하 〈2010년 생명평화선언〉)을 둘러싼 활동에 대한 기록이다. 처음 시작할 때 이 운동의 진로는 예견키 어려웠지만, 1년여가 흐른 지금 돌이켜 생각해 보니, 이 운동은 개신교 진보진영의 회한과 반성, 희망과 헌신이 서로 어우러져서 형성된 자기 창조성을 이미 갖고 있었다는 사실을 알게 된다. 2011년으로 건너오면서 이 운동은 〈생명평화마당〉으로 전환하여, 보다 큰 계획을 세우고 체계적인 활동을 시작하고 있다. 일차적으로 이 책은 〈생명평화마당〉이 있기까지의 직접적인 역사에 대한 기록이다. 그러나 보다 깊이 들여다보면, 새로운 세기에 도리어 총체적인 위기를 맞고 있는 한국 개신교회의 미래에 대한 집단적 모색이란 의미가 담겨 있다.

여기에 수록된 글들은 〈2010년 생명평화선언〉이 발표되고 난 후 그 활동 방향을 세우기 위해 토론 자료로 삼았던 것이 대부분이다. 이 글들은 두 가지 특징을 갖고 있다. 첫째, 한 명이 기록했기 때문에 저마다 고유한 색조를 갖고 있음에도 불구하고, 그 글에는 수많은 시간을 함께 보내며 나눈 공동의 느낌과 지혜가 담겨 있다. 둘째, 처음부터 끝까지 일관된 논조를 유지하는 것이 미덕인 일반 서적과는 달리, 이 글들은 논조와 방향에서 스스로 진화하는 모습을 띤다. 〈2010년 생명평화선언〉이 발표된 후, 이 운동을 이어가려고 했던 사람들의 초기 열정과 계획은, 노력함에 따라 얻게 된 새로운 성과를 토대로 하여 계속 확대·수정되어 갈 수밖에 없었다. 그 진화 과정은 좀 더 넓은 관계를 형성해 가면서도, 좀 더 구체적인 목표를 정하고, 좀 더 실질적인 활동 방식을 취해 가는 것이었다. 따라서 이 책을 읽을 때, 우리 시대에 "생명"과 "평화"와 "정의"를 기독교 신앙의 핵심으로 재정립하려고 분투하는 정신의 궤적을 느낄 수 있으리라고 확신한다.

2013년 10월에 한국에서 개최될 세계교회협의회(WCC) 10차 총회의 주제가 지난 2월 22일에 다음과 같이 확정되었다고 한다. "생명의 하나님, 우리를 정의와 평화로 이끄소서!(God of Life, Lead Us to Justice and Peace)." 이 대회를 주도적으로 준비할 한국 교회는 이제 생명과 정의와 평화에 대한 뚜렷한 비전을 세우고, 이에 대한 실천을 통해 산 증거를 만들어야 할 책임을 갖고 있다고도 하겠다.

한국 교회의 현실을 고려해 볼 때, 생명과 평화와 정의를 기독교 신앙에 담기 위한 노력은 '획기적인 전환'을 동반한 '과감한 행동'이어야 할 필요가 있다. 1990년에 서울에서 열린 JPIC대회(정의·평화·창조 세계의 보전)는 다가오는 시대가 요구하는 새로운 가치를 명시한 사건이었다. 그러나 한국 교회는 그 대회가 남긴 과제와는 정반대로, 이전 시대와는 비교할 수 없는 속도와 범위에서 성장주의와 교권주의, 물신주의와 교리주의로 치달았다. 그 결과 우리는 이제 교회의 타락과 신앙의 몰락을 실감하고 있다. 한국 교회를 여전히 지배하고 있는 이 대중적 흐름으로부터 획기적인 전환을 시도하지 않은 채, 과연 교회의 미래를 꿈꿀 수 있을까? 한국 개신교의 미래는 오직 생명·평화·정의를 향해서, 신학을 새롭게 구성하고, 교회를 일으켜 세우고, 선교를 드넓게 벌여 나가는 일에 달려 있다고 하겠다.

〈2010년 생명평화선언〉이 발표된 후 전개된 6개월여 동안의 활동은 바로 그 사실에 대한 집단적인 깨달음과 그것을 현실화시키기 위한 연대의 필요성에 대한 공감을 낳았다. 두 차례의 선언위원대회와 종교개혁주일을 앞두고 열린 심포지엄, 그리고 그 사이에 있었던 많은 만남을 통해 얻게 된 결실은 〈생명평화신학〉, 〈생명평화교회〉, 〈생명평화선교〉의 전망을 수립하고, 그 전망을 구현할 수 있는 과감한 행동에 대한 뜻을 세움이다. 이 책에 수록된 글들은 이 과정에서 등장한 생각에 대한 정리라고 할 수 있다.

이 책은 다음과 같은 형식으로 구성되어 있다.

서론에 해당하는 "생명과 평화를 여는 2010년 한국 그리스도인 선언"에는 두 개의 글이 있다. 하나는 "새 시대의 새 신학: 생명평화의 신앙고백을 위한 신학적 전개"라는 제목으로 쓴 김용복 박사의 글이다. 이 글은 시간 순서로 보면 나중에 나온 글로서, 2010년 10월 25일, 〈한국 교회와 종교개혁: 오늘의 믿음으로서의 생명평화사상〉이란 주제로 열렸던 심포지엄의 기조강연문이다. 〈2010년 생명평화선언〉의 밑그림을 그렸을 뿐만 아니라 한 시대를 치열하게 살아온 노신학자가 본 신학의 미래 전망은 이 책의 전체적인 흐름을 잘 설명해 주고 있기 때문에 맨 앞에 배치하였다. 다른 하나는 그동안 이 운동의 실무를 맡아 온 내가 기록한 "〈생명과 평화를 여는 2010년 한국 그리스도인 선언〉 활동 정리: 그 경과와 과제에 관하여"이다. 이 글은 그 제목이 말하듯이, 〈생명평화마당〉이 태동되기 전까지의 역사에 대한 기록이다.

1부는 두 차례의 선언위원대회에서 발표된 발제와 논평으로 구성되어 있다. 5월 23일에 열렸던 〈1차 선언위원대회〉에서는 두 개의 발제가 있었다. 권진관 교수는 "2010년 생명평화선언의 의의와 과제: 교회 어디까지 변화해야 하나?"라는 주제를, 양재성 목사는 "〈생명과 평화를 여는 2010년 한국 그리스도인 선언〉 확산을 위한 제안"을 발표했다. 이 두 글은 〈2010년 생명평화선언〉의 활동을 평가하고, 그 운동의 정신을 이어 가려는 초기의 고민과 계획을 담고 있다.

6월 24일에 열린 〈2차 선언위원대회〉에서 발표된 글은 운동의 방향에 대한 좀 더 실제적인 모색을 보여 준다. 김영철 박사는 "생명과 평화의 기독교 운동을 위하여"라는 글에서, 한국 개신교 진보진영의 활동에 대한 비판적인 성찰을 전개하고, 그것에 기초하여 "생명평화신학," "생명평화교회," "생명평화선교"라는 기독교 운동의 세 가지 축을 처음으로 제안한다. 이 발제에 대한 세 개의 논평 가운데 글로 작성된 최상석 신부, 정진우 목사의 논평이 이어져 있다.

2부는 10월 25일 심포지엄에서 발표된 발제와 논평이다. 이 심포지엄은 〈2차 선언위원대회〉에서 제안된 "신학"과 "교회"와 "선교"라는 생명평화운동의 세 축을 어떻게 한국 교회가 구체화시킬 것인지를 논의하기 위해 마련되었다.

생명평화신학에 관해서 권진관 교수는 "'오직 신앙만으로'의 내용은 생명평화"라는 주제를 발표한다. 이 글은 개신교회가 오늘날 가져야 할 개혁정신의 본질을 생명평화사상에서 찾고, 이를 한국의 정치사회적 현실에 접목시키고 있다. 김준우 박사는 논평을 통해, 교리주의와 교회 성장 신학의 폐해를 지적하면서, 생태신학적 평가를 첨가했다.

이원돈 목사는 "교회의 새로운 생태계로서 생명평화 교회"라는 글에서, 교회성장주의 시대의 종말을 예고하고, 작은 교회를 중심으로 유기체적 관계를 지니면서 시민사회 활동 및 마을 공동체 운동에 관심을 가진 새로운 "교회 생태계"의 건립을 제창하고 있다. 김경호 목사는 자신의 목회에서 있었던 구체적인 활동이 낳은 성과를 소개하면서 발제의 논지를 강화한다.

윤인중 목사의 "기독교 생명평화운동의 선교론 수립을 위하여"라는 글에는, 오랜 기독교 운동의 풍부한 경험이 가능케 하는 현실에 대한 날카로운 분석과 대안 제시가 등장한다. 이은선 교수의 논평에는 여성신학적 공감과 지혜가 있다.

부록으로 〈2010년 생명평화선언〉의 한글과 영어 전문이 실렸다.

이 책을 출판하는 까닭은 과거에 대한 기록의 의미를 넘어서, 같은 시대를 살아가며 비슷한 고민을 하고 있는 신앙인들과 함께 호흡하고자 함이다. 〈2010년 생명평화선언〉에 참여한 사람은 국내외적으로 808명이었지만, 실제 한국 교회가 복음의 본래적 정신을 회복할 수 있기를 바라는 사람은 그보다 훨씬 많을 것이다. 함께 그 뜻을 이뤄갈 〈생명평화마당〉은 열렸고, 또 그곳은 '마당'인지라 누구에게나 열려 있다. 이 책은 그 이름 없는 수많은 미래의 신앙동지들을 향한 초대장이라고도 하겠다.

마지막으로 이 책의 출판이 가능토록 실질적인 도움을 주신 한국기독교사회문제연구원 성해용 원장님께 감사를 드린다. 그리고 경제적인 수익의 눈으로 보면 "밀물 때 조개 캐러 가는 심정"이 생길 수밖에 없는 이런 출판 요청에 기꺼이 응해 주신 동연출판사의 대표 김영호 장로님께 감사드린다.

2011년 봄이 오는 길목에서
생명평화마당 총무 김희헌

# 차 례

생명과 평화를 여는
한국 그리스도인 선언

# 새 시대의 새 신학:
## 생명평화의 신앙고백을 위한 신학적 전개

김용복 박사(아세아태평양생명학연구원 원장)

〈생명과 평화를 여는 2010년 한국 그리스도인 선언〉의 역사적 의미는 이제 새로운 신학적 과업으로 전개되어야 할 것이다.

우리는 서구 신학의 유산을 받아서 교회와 사회와 민족에 봉사하려고 노력하여 왔다. 그리고 신학의 토착화를 비롯하여 민중신학, 통일신학을 일구어 기독교 사회운동을 뒷받침하려 노력해 왔다. 토착화 신학은 기독교의 한국 문화적 토양을 중요시하였고, 민중신학은 한국 민중의 수난의 현실을 중요시하였으며, 통일신학은 우리 민족통일과 한반도의 평화를 중요시하였다. 이런 신학운동과 전개는 서구에서 받은 서구 세계 선교운동의 유산과 서구 근대 신학의 유산을 뛰어넘으려는 맥박을 가지고 있었다.

동시에 이러한 한국 신학의 전개는 1) 한국의 역사적 신앙과 행동의 체험을 성찰하면서 이루어졌고 2) 역사/문화적 맥락화(Contextualization)라는 아시아 신학운동과 대화하고 3) 제3세계의 해방신학, 4) 여성(해방)신학, 인종해방신학, 민족문화신학, 그리고 최근에는 생태신학 등과 대화하면서 이루어지고 있다.

그러면 2010 신앙선언의 신학적 위치는 어디에 둘 것인가? 그리고 이 신학운동의 방향을 어떻게 잡을 것인가? 큰 질문이다. 그러나 이 질문에 응답을 하는 것을 피하지는 못할 것이다.


## 21세기 시운을 읽으면서 신학 하여야 할 것이다

우리는 21세기 시운을 읽음에 있어서 갈릴리 예수의 시좌(視座)에 입각하여야 한다고 생각한다. 이것은 우리 기독교 신학자의 선택받음이다. 우리가 예수의 현존을 대면할 때 예수의 시좌는 우리 한반도와 동북아시아와 2010 지구적 맥락에 대입되어 있다. 따라서 우리는 여기서 예수의 시좌에 입각하여 우리가 처한 21세기의 시운을 간파하려는 것이다.

예수의 시좌는 갈릴리에서 로마를 보는 시좌, 지역에서 제국과 세계와 우주를 보는 시좌이다. 이것은 우리 마을에서 한반도를, 동북아를, 지구를, 우주를 보는 것을 의미하고, 거기서 듣고 이해하고 행동하는 것을 의미한다.

1) 산업혁명에서부터 신자유주의 시장의 전개는 경제 질서를 맘몬의 지배체제로 전환시켰다. 이 과정은 기아의 심화, 부익부 빈익빈, 경제 권세의 무한한 전횡, 무한 성장의 신화, 이익 추구의 절대화와 무한 확대, 투기 금융, 부동산과 토지의 투기와 같은 결과를 자아내어 생명질서를 근본적으로 파괴하고 모든 생명체를 전체적으로 희생시

키는 길로 전개되고 있다. 이 과정은 사회경제적인 차원뿐 아니라 생명산업의 차원에서 생명과학, 생명기술공학 차원에서 그리고 생태적인 차원으로 전개되고 있다. 이 과정이야 말로 생명질서에 대한 총체적인 도전이 아닐 수 없다.

2) 근대 과학기술주의 체제(Technocracy)의 전개는 산업화의 엔진과 같이 유착되어 있다. 근대 과학과 기술은 모든 생명체와 생명의 터전을 객관화하여 인식론적으로 파악하고 공학적으로 조작하고 재창조하여 생명을 지배의 객체로 전환시킬 뿐 아니라, 산업체제와 유착되어 무한 성장과 무한적 이윤 추구에 무한한 효율성의 용인으로 작용하고 있다. 특히 IT와 같은 과학기술체제는 인간 사회, 문화 공간과 우주의 공간을 Cyber Space에 편입하고 통제한다. 이 체제와 과정은 그 자체가 세력체제로 존재하고 역동적으로 작용할 뿐 아니라 산업체제, 정치체제, 군사체제, 커뮤니케이션체제, 문화체제와 융합되고 유착되어 작용한다. 과학기술체제는 단순히 수단일 수 없다. 그 자체가 권력체제로서 주체적으로 체제를 구성하여 과학적 지식과 기술공학적 적용을 융합통일하면서 활동한다. 과학기술체제는 상생적 생명질서를 근본적으로 와해하는 문제를 야기하고 있다.

3) 미국 제국의 전개는 미국의 세계 시장의 제패, 과학기술체제의 전개를 통합하면서, 군사체제와 산업체세의 상악을 기반으로 하여 지정학적 패권과 우주적 지배권을 행사한다.

모든 생명체들이 총체적으로 위협당하는 현실이다. 이러한 상황에 대응하고 하나님의 시운을 실현하는 것은 생명을 위하여 정의, 평화와 사랑이 실현되어 생명의 아름다운 질서를 형성하는 일일 것이다.

## 생명평화의 신앙고백(Status Confessionis)

한국 교회는 고백적 신학의 뿌리를 가지고 있다. 일제 강점기에 식민지 세력을 바빌론으로 규정하고 일본 천황을 신으로 여기는 신사참배에 저항하는 전통과 70년대에 〈한국그리스도인의 신학선언〉(1973)과 〈민족통일과 한반도평화를 위한 한국교회의 선언〉은 이러한 역사적 전통이라는 것을 2010 선언은 명기하고 있다. 이런 흐름은 최근 Kairos Palestine 신학선언, 80년대의 남아공의 Kairos 선언, 세계개혁교회연맹의 Covenant for Economic Justice and Ecological Sustainability(2004)와 그 궤도를 같이 한다.

우리는 2010 신앙선언을 이러한 고백신앙의 흐름의 연장선상에서 보려는 것이다. 우리는 시대의 시운에 죽음과 주검의 세력이 한반도를 비롯하여 전 지구와 우주의 생명질서를 파괴하는 상황이라고 파악하고 고백신앙적 자세를 신학적으로 전개한 것이다.

이 고백신앙은 예수는 세상의 생명(Life of Cosmos)라는 것이다. '예수는 세상의 생명이다'는 고백에서 출발하는 것이 우리가 지향하는 신학적 담론이요, 실천적 기조이다.

> "나는 부활이요 생명이니 나를 믿는 자는 죽어도 살겠고"(요한복음 11:25); 내가 온 것은 양으로 생명을 얻게 하고 더 풍성히 얻게 하려는 것이다."(요한복음 10:10)

이러한 생명이 살아가는 질서는 모든 생명체가 함께 사는 상상질서(Community of Conviviality)이며 이것이 평화의 내용이다. 그리고 이 평화는 팍스 로마나(Pax Romana) 같은 세상(Cosmos)의 평화가 아니

다. 예수가 주는 평화는 세상이 주는 평화와 다르다는 신앙고백이라는
것이다.

　"내가 너희에게 평화를 준다. 나는 세상이 주는 평화를 너희에게 주지
않는다.(John 14:7 Peace I leave with you; my peace I give to you. I do
not give to you as the world gives)"

여기서 평화란 생명체 사이의 상생질서를 말한다. 정의와 의로운
관계란 상생과 사랑의 기조인 것이다.

　인애와 진리가 같이 만나고 의와 화평이 서로 입 맞추었으며(Psalm
85:10, Mercy and truth are met together; righteousness and peace have
kissed each other.) 화평하게 하는 자들은 화평으로 심어 의의 열매를
거두느니라(James 3:18, And a harvest of righteousness is sown in peace
for those who make peace.)

즉 갈릴리 예수를 따라 시운에 대응하는 것이다. 이러한 대응을 생
명학/생명의 지혜를 탐구하고 실현하려는 것으로 길을 모색하려 하여
왔다. 생명학은 죽음과 죽임의 세력을 극복하고 모든 생명체가 상생하
면서 정의, 평화와 사람을 향유하는 새로운 생명의 정원을 실현하는
데 있다.

생명의 주체성은 정의, 평화, 사랑의 주체로서 상생의 기조에서 이
루어진다. 정의가 사회문화적 생명질서의 기조라면 평화는 모든 생명
체의 상생질서의 기조이고 이 모든 질서는 사랑의 우주적 지평에서
실현된다. 생명체의 주체성은 하나님과의 동반성에 기초한다. 창세기

의 생명정원의 지속적인 섭리는 하나님께서 모든 생명체와 계약관계 (Covenant with all living beings) 성립, 그 동반적 관계의 회복(창세기 9장 9-10: 내가 내 언약을 너희와 너희 후손과 너희와 함께 한 모든 생물 곧 너희와 함께 한 새와 가축과 땅의 모든 생물에게 세우리니), 신천신지의 새 계약에서 이뤄지는 우주적 상생의 잔치(Feast of Conviviality)에서 실 현된다. 이것이 우주적 상생의 비전(Cosmo-vision of Conviviality)에 서 실현된다.

## 새 지평을 향한 창조적 수렴통합의 신학적 방법론 : 생명 전 기(Zoegraphy)

모든 생명체의 주체성은 생명 전기(Zoegraphy = Story of Life)에서 성립된다. 모든 생명체의 삶은 생명 전기로 서술된다. 이 생명 전기는 생명의 통합적이고 통전적인 담론이다. 생명 전기의 근간은 모든 생명 체는 주체적이라는 데 있다. 모든 개체 생명체는 주체적이고 모든 생 명체의 상생적 실체도 주체적이다. 생체의 주체성과 상생성은 상호 수렴통합적 관계이다.

예수가 나는 세상의 생명이라는 신앙고백은 "예수는 우주적 생명의 태극적 주체"라는 것을 의미한다. 예수는 모든 생명체의 상생적 주체 성을 창조하고(알파), 이를 실현(오메가)하는 주체라는 신앙고백이다. 우주적 생명 전기의 시작은 예수요(알파) 우주적 생명 전기의 종말도 예수이며, 그 생명의 부활의 축도 예수이다. 그럼으로 예수는 세상의 생명(Life of Cosmos)인 것이다.

우리는 이 정점(Pivot)에서 죽임과 주검의 세력을 극복하려는 것이다. 그는 그의 전 생명을 희생으로 나누어 온 생명을 구하였다(현재완료형).

우주는 문명의 기로에 서 있고 동북아는 그 지렛목의 구실을 하여야 한다.

동북아에서 우리는 갈릴리적 시좌에서 세기적 문명의 추이를 시운으로 읽자는 제안이다. 예수의 갈릴리적 정황은 역대의 제국들에 의하여 둘러싸여 복합적 침공과 억압과 점령과 희생을 당하였던 역사의 축적의 땅이요 바다였다. 이집트의 제국, 바벨론의 제국, 아시리아의 제국, 그리스 제국, 그리고 로마 제국의 압제와 점령과 학살을 체험한 땅이었다. 우리 민족은 몽고 제국, 중국 제국, 일본 제국, 러시아 제국과 미국 제국 들에 둘러싸여 압제와 점령과 침탈을 당한 역사를 가지고 있다. 이것이 우리로 하여금 갈릴리의 시좌를 우리 현실에 대입할 수 있도록 한다. 예수의 평화가 제국의 평화가 아닌 것처럼 우리의 평화도 제국이 주창하는 평화가 아니다. 그러면 이 평화는 무엇인가? 이 질문은 예수의 평화가 무엇인가 하는 질문과 그 궤를 같이한다. 이 평화는 분명히 생명을 위한 평화요 모든 생명체의 상생질서인 것이다. 그런데 21세기 초두에 지구의 생명질서는 상생적이 아니고 전멸적 위기를 표출시키고 있다.

탈 산업자본주의 세계시장체제

탈 생명과학 기술 공학체제: 모든 생명체의 객체화와 지배/조작

탈 근대적 사회체제: 적자생존론

탈 근대과학기술체제

탈 과학기술문화체제

탈 종교문화체제 / 탈 기독교종파체제

탈 근대적 국가체제

탈 제국 군사적 지정학적 패권체제

탈 물리적 우주체제

## 지구상화의 역사적 전환기에서 역사적 경험검토: 창조적인 수렴통합(Creative Convergence)을 위하여

우리는 생명공동체로서의 새 마을, 새 나라, 새 대륙, 새 지구, 새 우주적 차원과 지평에서 수렴통합적으로 추구하려고 한다고 주창하였다.

그런데 작금 세계사의 축이 전환되고 있다. 이 축적 전환(Axial Change)은 한반도를 중심으로 한 동북아시아에서 두드러지게 나타나고 있다. 세계 역사적인 차원에서는 일찍이 세계 역사가 토인비(Arnold Toynbee, *The World and West*)가 주창하였듯이 서구 문명과 나머지 세계의 문명적 충돌 과정이 지난 3세기 동안 이루어졌는데 이 과정이 새로운 전환점을 이루기 시작하였다는 것이다. 이 과정, 서양이 식민지적 지배 과정, 근대 문화와 종교적 지배 과정, 지구 시장의 사회경제적 지배 과정, 지정학적 군사적 패권 형성의 과정, 과학기술주의체제에 의한 우주적 지배의 과정이 전환점에 달하였다는 새로운 인식이 일어나고 있다.

이것의 세계적 비전은 "제국 없는 세상(World without Empire)"으로 표기되기도 한다. 남미의 독립적인 흐름은 미국 제국적 지배를 거부하기 시작하였다. 남아공화국을 중심으로 한 아프리카 르네상스(African Renaissance)의 비전의 태동도 의미심장한 일이다. 최근에는 반둥(아프로-아시안) 르네상스(Bandung (Afro-Asian) Renaissance)도 토론되고 있다. 아시아에서는 인도를 중심으로 하는 남아시아, 인도네시아를 중심으로 하는 서남아시아, 중국을 중심으로 하는 동아시아의 부각(2020년 상황 변화)은 새 시대의 시운적 징조라고 할 수 있다. 이 세계적 흐름은 분명히 서양제국체제의 지구 시장 지배, 과학기술체제에 의한 지배, 군사적 패권 지배를 저항하면서 새로운 세계질서의 궤도를 구상하게 될 것이다. 최근 중국이 세계적인 지평이 부각되면서 서구의 경각심이 높아지고 있다.

더구나 세계는 종교적인 격변기를 경험하고 있다. 이슬람교 운동이 내부적으로 급격하게 개혁되고 있다. 그리고 세계적인 영향력을 행사하고 있다. 이슬람 세력은 지구 제국에 저항하는 쪽으로 이미 작용하고 있다. 불교와 힌두교도 남아시아와 동남아시아 그리고 동아시아에서 개혁과 부흥의 깃발을 올리고 있다. 이런 종교적 소용돌이 가운데에서 유엔을 비롯하여 NGO적 차원에서 종교의 중요성과 종교 간의 대화와 협력과 연대를 중요시하고 있다.

기독교는 세계적으로 양극화되고 있다. 기독교의 흐름은 서양 제국의 종교가 될 것이거나 아니면 "제국 없는 세상"을 위한 세계 종교가 될 것인지 기로에 서 있다. 이미 기독교는 인구학적으로 본다면 지구 남반부 즉 서구 기독교 영역 밖으로 움직였다. 아프리카, 아시아, 남미의 기독교가 그 인구상으로 더 많고 정교회를 제외하고 모든 기독교 세력은 서구에서 쇠퇴일로에 있는 현실이다.

우선 중국과 중앙아시아를 보자. 이 지역은 중앙아시아의 이슬람 문화 부흥과 기독교 인구의 급격한 성장으로 이어지고 있다. 중국 기독교 인구를 7천만으로 계산하는 것은 수의 문제만은 아니다. 이것은 정치적, 문화적, 정신적, 종교적 차원에서 의미심장하다. 특히 극단적으로 세속화되었던 탈 사회주의권과 개방적 사회주의체제에서 종교적 재흥이 불가피하게 일고 있다. 이것은 대내적 위기와 세기적 위기가 겹치면서 영적, 종교적, 문화적 열망이 분출하기 때문이다.

이러한 세기적 변화의 시운에서 우리 민족의 세계사적인 역할을 생각해 본다. 앞에서 제시했듯이 우리는 생명공동체로서의 새 마을, 새 나라, 새 대륙, 새 지구, 새 우주적 차원과 지평에서 생명/평화학을 수렴통합적으로 추구하려고 한다.

우리 민족은 상생적 우주〔집〕 전망(Cosmo-Vision of Conviviality)의 유산을 가지고 있고 이 비전은 우리 삶에 깊이 뿌리를 내리고 우리 삼천리금수강산에 펼쳐져 있다. 우리가 즐기는 신선도(神仙道)는 그 상징이고 우리 마을과 산천초목 이룬 한반도는 그 구체적인 실체이다. 우리에게는 신학적으로 창세기의 생명과 상생의 에덴동산과 수렴 통합하는 길이 있을 것이다. 초기 한국 기독교 지도자들은 성경의 우주적 비전과 우리의 우주적 상생 비전을 적절히 융합하는 지혜를 구사하였다.

이 상생의 정원은 도교보다 더 근원적이며 도교를 수렴 통합하였으며, 조선 불교와 조선 유교와 조선 무교를 수렴 통합하였는가 하면 이 과정은 동학에서 획기적인 수렴 통합 과정을 이루었고 이 과정은 3·1 운동에서 강력하게 표출되기도 하였다. 이 과정이야 말고 한반도에서 이루어진 종교 전통들의 창조적 수렴 통합 과정이라고 생각할 수 있다. 우리의 상생적 우주관의 실체는 영원한 하나님의 선물이다.

한국 기독교는 3·1 운동에서 종교적 차원에서 새 하늘과 새 땅에 대한 비전을 민족적으로 공유하고 그 기조에 있어서 '메시아 나라(Messianic Reign)'와 태평천하, 서방정토, 인내천/동귀일체의 세상 등과 맞대면서 독립된 민족공동체를 인권, 평등, 평화의 생명질서를 추구하였던 것이다. 우리는 한국 기독교의 수렴통합적 지평을 열어가는 모습을 볼 수 있다.

오늘 한반도에서 에큐메니칼 운동의 핵심 과제는 통일운동이다. 우리는 한국 에큐메니칼 운동이 정의와 평화와 사랑을 토대로 한 생명의 상생질서를 추구하여야 한다고 생각한다. 이 생명의 상생공동체 실현 과정은 정신적으로나 사상적으로 남과 북의 수렴 통합적 과정이 요청된다고 믿는다.

통일과 평화는 생명을 위한 것이다. 평화는 모든 생명체의 상생질서이다. 상생의 길은 수렴 통합을 통하여 새로운 지평을 이룬다. 이것은 분명히 북도 아니고 남도 아닐 것이다. 한반도 민족의 총체적인 지혜를 수렴 통합하여 통일된 민족의 생명공동체 즉 상생공동체를 이루어야 할 것이다. 이것이야말로 창조적인 수렴 통합 과정을 통하여 새로운 상생적 생명공동체를 이루어야 하는 것이다.

통일/평화운동이 새로운 상생적 민족공동체를 이루어 간다면 이것은 분명히 4대 강국인 미국, 중국, 일본, 러시아가 구상하는 더구나 미국의 제국적 평화질서와는 다를 것이다. 우선 지난 수 세기 동안 동북아시아의 역사적 과정에 주시하여 보자. 1) 이 근대 역사는 동아시아와 서구 문명과 만나고 충돌하는 과정이었다. 2) 그리고 지정학적으로는 한반도를 두고 각 나라의 제국적 질서를 구축하려 하였다. 이 맥락에서 우리는 3·1 운동과 같은 민족적 비전을 낳게 되었고 이제는 통일과 평화운동을 통하여 이 민족적 상생의 생명공동체의 비전을 이루려고 한다.

## 동서양의 격돌과 21세기의 전망

동서양이 문명적(정치, 경제, 문화, 군사)으로 서양 문명은 동양 사회에 깊이 침투하였다. 오늘은 미국을 중심으로 한 세계질서로 이루어져 왔다. 2차 세계 대전과 냉전을 거치면서 이 격돌과 만남은 심화되었다.

서양 문명은 동아시아 사회를 깊이 침투하였다. 20세기 중반까지만 하여도 이를 저항하는 것은 불가능하게 보였다. 그러나 서양의 한복판에서 일어난 서구 사회주의 운동은 생명질서의 대안을 제공하면서 동아시아에 수용되어 민족의 주체성을 확보하고 대안적인 사회공동체를 특히 대안적인 경제질서와 정치적인 질서를 구축하였다. 이 과정은 2차 세계 대전을 겪으면서 지정학적 냉전질서를 구축하였고 일부 사회주의권이 붕괴되면서 새로운 지구적 국면 즉 미국 주도형 세계질서를 이루고 있다.

이 과정에서 뚜렷이 표출된 현실은 아시아의 사회주의 국가들이 서구의 과학과 기술을 적극적으로 수렴 통합하였다는 것이다. 이 과정에서 동아시아의 본래적 상생질서는 심각하게 와해되어 왔다는 것이다. 서구의 과학기술주의체제(Western Technocracy)는 서구에 그 기원을 가진 사회주의 사상과 결합하게 된 것이다. 이것은 동아시아의 상생질서를 위한 역사적 유산은 이중으로 도외시된 것이다. 이것은 중국과 러시아의 역사적 경험이 예시하여 주고 있다.

이와는 달리 서구 문명을 송두리째 주체적으로 수용하고 수렴 통합하는 사례가 있다. 동아시아의 전통적 문화를 수정하면서 서구 문명을 수렴하는 역사적 경험이 있다. 이 역시 서구 문명에 대하여 수구적 저항을 하는 차원을 가지고 있다. 동아시아의 사회주의 국가들이 혁명적으로 서양 문명을 수렴하였다면 동아시아의 전통 국가들은 문화적 유산은 지키면서 서양을 수용하는 것이었다. 이 사례는 일본으로 대표된다. 이것은 2차 세계 대전 이전의 일본의 역사적 경험을 지칭할 수 있을 것이다. 특히 정치사상적으로는 일본의 민족사회주의(National Socialism)를 그 예로 들 수 있을 것이다.

이 동서양의 만남은 동양 근대 역사의 핵심적인 문제였다. 오늘 21세기에는 이 문제가 다시 부각될 수밖에 없다. 서구 문명의 지구적 제패는 전 지구, 전 우주의 생명의 상생질서를 붕괴하고 있다. 분명히 동아시아의 상생질서를 위한 역사적 유신을 재구성하는 것은 절대로 필요하고 이것은 상당한 세계적 공감대를 형성하여 가고 있다. 이 과정은 미래의 동아시아, 전 세계의 생명의 상생질서를 위한 제3의 "창조적 수렴 통합"을 통하는 새 문명의 지평을 열어야 한다는 것이다. 우리 민족의 통일 비전, 평화 비전, 생명공동체의 비전은 이 창조적 수렴 통합의 물꼬를 틀 수 있을 것인가?


### 새 생명질서 새 지평을 향한 창조적 수렴 통합(Creative Convergence)의 신학적 방법론

생명적 수렴 통합(오메가 포인트Omega point를 향한 수렴 통합)은 생명의 하나님의 창조질서에 속하는 과정이다. 생명의 수렴 통합 과정은 생명 전기의 근간을 이룬다. 생명의 한 개체에서부터 출발하여 수렴 통합의 주체가 형성되고 자라고 진화하고 변혁되며 이 과정을 통하여 모든 생명체와 상생질서를 형성한다. 그리고 상생질서란 수렴 통합의 과정 자체이다. 이는 생명 개체의 영/몸의 통일 주체를 형성하고 공동체적 통일, 지구적/우주적 통일의 주체가 된다. 따라서 모든 생명체,

그 동활체(Convivial Community)는 창조적 수렴 통합의 주체이다.

## 신학적 과제로서의 창조적 수렴 통합

**창조적 수렴 통합의 해석학**: 성경을 읽을 때는 성경 메시지의 통전성을 추구하기 위하여 내부적 수렴 통합의 과정을 전개시켜야 한다. 그 초점은 생명의 상생 동활 질서를 위한 것이다. 창세기에서 요한계시록까지 생명질서가 초점이 되어 해석학적 작업이 진행되어야 할 것이다.

또한 성경은 성경 외적인 경전들과 수렴 통합적으로 생명질서의 비전과 실체를 구성하여야 할 것이다. 동아시아에서는 기독교 성경을 읽을 때 유교의 경전, 도교의 경전, 불교의 경전, 동학의 경전 등 수렴 통합적으로 같이 읽어야 할 것이다. 그래야 예수의 생명/상생 코이노니아(Feast of Koinonia)에 이르게 될 것이다. 이것은 신학의 탈 서구화를 의미한다.

**통전적 수렴통합의 학문으로서의 신학**: 성경에는 학문적 분할과 파편화가 있지 않다. 경전은 그대로 통전적 이야기 즉 생명 전기(Holistic Zoegraphy)이기 때문이다. 오늘의 신학체계는 내적으로 분할되어 있고 일반 학문의 분야에서도 종교학의 한 부분으로서 내쳐져 있다. 중세에는 신학이 철학과 수렴 통합하면서 모든 학문의 여왕으로 군림하였다고 한다. 그러나 근대 과학이 학문의 체계를 형성하면서 신학이 근대 과학체계에서 퇴출될 뿐 아니라 근대 과학의 기준에 맞추려고 하다가 신학의 독자성을 상실하는 경지에 이르렀다. 본래 신학은 통전적 학문이다.

우리는 모든 자연과학, 사회과학, 인문과학을 수렴 통합하면서 통전적 학문으로 그 독자성을 수립하면서 모든 학문에게 통전적 수렴 통합의 방법론과 실체 즉 모든 생명 실재는 "창조적 수렴 통합 과정"이라는 것을 주장하면서 모든 학문의 통전성을 위해서 봉사하여야 할 것이다. 요즘 학제 간의 연구니 통섭론이니 하여 새로운 듯한 방법론이 제시되는 데 이는 "창조적 수렴통합론"을 지향하는 것일 것이다.

창조적 통합론은 시공에 있어서 고정적이 아니다. 이것은 모든 생명체가 시공의 규정에 의하여 정해지지 않는 것과 같다. 여기서는 기독교 신학이 처하여 있는 위치를 동서양의 수렴 통합 과정에 두고, 과거/현재/미래를 수렴 통합하면서 새 문명의 상생 지평을 열어가야 한다고 생각한다. 이 과제는 서양 학문에서 자연과학과 인문과학의 상호 수렴 통합의 과정을 뛰어넘어서 동서양의 창조적인 수렴 통합의 과정을 창출하여 새 생명의 문명, 상생의 문명을 열어가는 것을 의미한다. 아시아 신학은 동북아의 종교와 문화와 사상을 깊이 알아야 할 것이다.

이 과정은 이미 도처에서 일어나고 있다. 그러나 이 과정은 한반도라는 특이한 문화적 마을(場 = Locus)과 토양에서 그리고 4대 강국에 지정학적으로 둘러싸인 상황에서, 지구적 자본 시장과 과학기술주의에 관통당해 살아가는 생명체들의 공동체에서 이루어져야 한다고 생각한다. 그래야 모든 생명체들이 함께 살아가는 상생의 생명질서기 이루어지지 않겠는가?


## 맺으며


**신학과 생명학: 생명학(生命學, the Integral Study of Life = Zoesophia)이란 무엇인가?**

생명학의 새로운 시도는 현대 과학적 생명 연구의 한계를 규명하고 총합적으로 학문과 연구의 틀(Study and Learning Paradigm)을 형성하려는 것이다. 이 학문과 연구의 틀은 생명의 지혜를 얻기 위함이다. 생명의 지혜는 죽음을 극복하는 지혜이다. 이 생명학은 생명을 중심과제로 두고 신학은 "예수는 세상의 생명이다"는 신앙적 고백을 기반으로 한다.

생명학은 우주에 살아 있는 것에 대한 총합적인 성찰을 비롯하여 인간의 삶과 살림살이에 대한 성찰을 내포한다. 시적으로 표현하면 우주는 생명의 둥지이고 생명은 우주의 동력이다. 따라서 생명학은 모든 살아 있는 것에 대한 인문학적인 차원과 자연학적인 차원을 총합한다. 생명학은 한자(漢字)로 생(生) 자와 명(命) 자를 내포하고 있다. 이 개념은 자연과 역사를 총망라하여 살아 있는 것의 역동적 움직임을 포괄한다. 따라서 생명학은 인문학적인 접근을 출발로 하여 자연학적인 차원을 내포하는 학문이다. 생명학은 방법론적으로 인문학과 사회과학적 출발점을 가지고 자연과학을 포괄하는 포괄적인 개념이다.

1) 생명학이 총합적 접근을 시도한다 함은 단순한 전문분야 간의 단순한 연관관계의 형성을 말하지 않는다. 생명학의 역동적이고 열린 틀(Paradigm) 안에서 각 전문분야는 변화를 경험하고 새로운 위치와 관계를 항상 새롭게 발견하고 또 형성하여 나간다. 각 전문분야는 생명학의 출발점과 초점이 될 수 있다.

2) 생명학은 인간중심주의적인 문명을 지양하고 우주적 생명의 문명을 창출하기 위한 새로운 시좌를 제공하려 한다. 우주에 살아 있는 생명에 대하여 연구하고 배우는 학문이다. 현대 학문의 체계는 우주적 차원과 분리하여 인간을 중심으로 생명을 취급하였다. 그러나 생명은 인간의 생명과 우주의 생명이 구분될 수 없다. 생명은 통합적 실체이다.

3) 생명학은 자연과학적 한계를 극복하고 인문사회학적 생명관을 부각시킬 것이다. 생명학은 종교, 철학, 예술, 문화적 차원에서 생명을 연구할 것이며 새 사회, 정치, 성경학적 차원에서 생명을 연구하고 이를 생명과학적 차원과 상호연관성을 추구하고 총합적 생명관 즉 우주적 상생공동체(Cosmic Community of Conviviality)를 형성하여 갈 것이다.

생명학은 생물과 무생물을 구분하지 않고 생명학 안에서 이 양자를 총합한다. 생명학은 열려 있는 성찰의 과정이고 지속적으로 총합적이고 따라서 모든 파편적임과 축소주의적인 성찰과 배타적인 전문화 과정(Specialization)을 지양한다. 생명학은 모든 분야별 성찰과 연구를 단순하게 조합하는 것이 아니라 상호연관성을 추구하고 그 과정에서 각 분야별 성찰과 연구를 새롭게 변화한다.

생명학은 생물학과 혼동되기 쉽다. 그러나 생물학은 생명학의 한 부분에 불과하고 그리고 그 축소주의적인 성격이 생명학의 테두리 안에서 극복되지 않으면 안 된다. 생물학뿐만 아니라 현대적 학문의 각 전문분야는 고립주의적이고 축소주의적이며 분석주의적인 성격 때문에 심각한 문제를 안고 있다. 생명학은 이 문제를 극복하기 위하여 총합적인 학문적 접근을 시도한다.

생명학은 우주적 생태계(Ecology), 생물계(biosphere: Macro/micro Spheres), 의료계(Health system), 식품체제(Food system), 지정학적 체계(Geo-politics), 정치경제(Political economy), 종교문화체계(Religio-cultural system) 등을 상호연관성을 통하여 수렴 통합하려 한다.

5) 생명학은 생명을 파괴하는 세력에 대한 대응을 기본적 전제로 한다. 생명학은 생(生)과 사(死)의 의미 있는 연관성을 추구한다. 생명

학은 죽음의 요인을 규명한다. 자연적 죽음뿐 아니라 인위적 생명 파괴에 대한 연구에 집중한다. 생명은 항상 생명을 파괴하는 세력에 의하여 위협을 당하여 왔다. 인간의 역사와 사회는 인간의 생명을 존속하려는 노력이었다. 인간은 전통적으로 자연적 재해로부터의 생명 보전, 사회경제적 모순과 갈등으로부터의 해방, 지정학적 폭력의 극복을 통하여 그 생명을 보전하려 노력해 왔다. 현대 인간은 생명을 위협하는 세력을 제압하고 통제하기 위하여 과학과 기술을 발전시켰다. 그러나 현대 문명이 발전하면서 생명은 인간 문명에 내제하는 요인으로부터 근원적인 위협을 받게 되었다.

6) 생명학은 생명을 풍만(fullness and eternity)하게 하는 실천을 목표로 한다. 생명학은 생명과 삶의 의미와 목적을 연구하고 그 실현을 위한 길을 연구한다. 생명학은 종교, 철학사상적 토대를 구축하고 생명의 정신적 영적 주체성을 기본 시각으로 하여 접근하려 한다.

생명학의 지평은 항상 새롭게 전개되는 역동적이고 열려 있는 지평이다. 이것은 모든 생명을 파괴하는 세력에 대한 성찰을 포함하고 이를 극복하고 생명을 풍성하게 하는 데 그 궁극적인 목표가 있다.

7) 생명에 대한 총합적 접근을 하기 위해서는 문제 중심적 발상과 대응이 필요하다.

홍수, 지진 등 자연재해(Natural disaster)

기아와 빈곤(Hunger and Poverty)

질병(Disease)

사회적 폭력(Social violence)

정치적 억압(Political oppression)

종교문화적 피폐와 부조리(Religious cultural anomaly)

전쟁(Wars; 핵전쟁, 생화학전 등을 포함)
생태계의 오염과 파괴(Ecological destruction and pollution)
분자생물학적 조작(Micro-biological Manipulation)

생명을 파괴하는 세력과 생명 파괴의 연구는 다양한 방법과 여러 측면을 총합하는 〈생명의 정치경제의 틀〉(Paradigm of Political Economy of Life)에서 연구되어야 할 것이다. 생명학에서 생명의 희생은 총합적 전기(The Story of Life = Zoegraphy)에서 이해될 수 있으며 생명을 풍요롭게 하는 지혜는 인식론적 축소주의, 분석주의를 극복하고 축적적이고 통합적인 접근을 통하여 이루어질 것이다. 생명공동체의 궁극적 목표는 상생의 생명 질서 즉 평화이다.

# 〈생명과 평화를 여는 2010년 한국 그리스도인 선언〉 활동 정리
- 그 경과와 과제에 대하여

김희헌 (한국기독교사회문제연구원 연구실장)

## 1. 〈2010년 생명평화선언〉이 나오기까지

인류는 항상 더 나은 세계를 꿈꾸지만, 우리 시대를 물들인 색조가 밝지만은 않다. 시대의 정신은 과학기술에 대한 맹신과 욕망의 문화에 심취하여 일그러지고, 세계적으로는 경제적 신자유주의와 정치군사적 패권주의가 지배권을 쥐고 지구의 온 생명체를 위협하고 있다. 한국의 상황 역시 예외는 아니다. 특히 현 이명박 정부의 제반 정책은 거짓과 모순으로 가득 차, 그 정책 집행의 결과로 생겨나는 억울한 일들이 이루 셀 수도 없으며, 이로 인해 한반도의 미래에 대한 희망마저 암울하다. 더구나 한국 사회의 책임 있는 주체로 성장한 한국 교회는 이 시대적 타락을 아파하며 치유하려고 분투하기는커녕, 자기 생존을 향한 발걸음에 바빠져 그 신앙의 본성인 하나님 나라의 희망을 배반하고 있는 것처럼 보인다.

그래도 역사는 시간의 덧없는 흐름에 뜻 없이 굴복하지는 않는다. 2010년은 한국사의 뜻을 묻기에 충분한 때였다. 2010년은 경술국치 100주년, 한국전쟁 60주년, 4·19혁명 50주년, 전태일 열사 분신 40주년, 5·18광주민주화운동 30주년, 6·15남북공동선언 10주년. 그야말로 "민족이 걸어온 역사의 주요 고비들로부터 지혜를 얻어 새로운 기운을 불러일으켜야 할 과제"를 가진 해였다. 2010년 4월 3일에 발표된 〈생명과 평화를 여는 2010년 한국 그리스도인 선언〉(이하 2010년 생명평화선언)은 한국 사회와 교회의 현주소를 묻고 그 시대적 과제에 답하려는 소중한 움직임이었다.

〈2010년 생명평화선언〉은 분명 한국 교회의 소중한 전통을 잇는 사건이었다. 1973년 5월 20일 소수의 신학자들에 발표된 〈한국 그리스도인 선언〉이 민중신학이라는 한국의 신학을 태동시켰고, 1988년 2월 29일 한국기독교교회협의회(NCCK)가 발표한 〈민족의 통일과 평화에 대한 한국기독교회 선언〉이 한국 사회의 근원적 문제인 분단에 대한 교회의 책임을 표방했다면, 〈2010년 생명평화선언〉은 이 두 선언의 정신을 이어 새로운 시대에 새로운 과제를 짊어지겠다는 그리스도인의 다짐이었다.

〈2010년 생명평화선언〉은 처음부터 "선언"만을 위해 준비되지는 않았다. 시대의 징조와 시국의 현실은 깨어 있는 사람들의 마음을 이미 울리고 있었고, 이 공감대는 여러 방향으로 표출되고 있었다. 그 가운데 작은 하나가 2009년 5월 29일에 있었던 "한국민중신학회 전국대회"였다. 민중신학을 사랑하는 사람들이 모여 대화하던 도중, 〈진보신학연대(가칭)〉를 결성하자는 제안이 나왔다. 이 제안은 그 이름이 주는 뚜렷한 느낌과는 달리, "신학적" 연대를 넘어서 진보적인 신앙인들의 새로운 결집의 필요성을 꾀하는 것이었지만, 아직 조직 구성을

위한 구체적 제안이 되진 못했다. 따라서 실제적인 후속 조처가 없이 연말이 되고 말았다. 그러나 그해 12월 28일 한국기독교사회문제연구원(이제홀)에서, 한국민중신학회, 죽재서남동기념사업회, 민중교회 목회자들의 연합송년회가 열렸을 때, 다시 이 주제가 거론되어 새해의 활동을 준비하기로 하고, 이 일을 진행할 추진위원 10인을 선정했다.

새해가 되자마자 모임은 재빠르게 시작되었다. 그러나 〈진보신학연대〉라는 구상을 곧장 실현하기에는 고려해야 할 점이 많다는 것에 대한 공감도 빠르게 자리 잡았다. 2010년 1월 7일 추진위원들의 첫 번째 모임에서, 〈진보신학연대〉라는 새로운 조직을 만드는 것이 현실적으로 어려운 점이 많다는 점, 따라서 일단은 〈선언문〉을 작성하여 발표하는 것을 목표로 활동하되, 이 작업을 토대로 그 후 연합활동의 가능성을 모색하자는 방향으로 생각이 모아졌다. 따라서 추진위원회를 "선언문 초안 작성위원회"로 전환하고, 선언문을 작성한 다음 토론회를 거쳐 4월 중으로 발표하자는 전체 일정이 확정됐다.

## 2. 선언문 작성과 발표 과정

선언문은 약 두 달여의 기간 동안 20여 명의 신학자와 목회자들이 참여하여, 수많은 모임과 이메일 교신을 통해 총 3차례의 주요 수정을 거친 산고 끝에 탄생했다. 그 과정에서 종합적인 의견 수렴과 합리적인 토론, 그리고 헌신적인 참여라는 세 요소가 어우러지며 〈2010년 생명평화선언〉이 만들어졌다.

선언문이 최종적으로 확정되기까지 크게 보면 네 주제가 거론되었다. 첫째, 선언문의 기본 내용을 신학선언으로 할 것인가, 신앙선언으로 할 것인가? 둘째, 선언의 방향을 대외적인 시국선언으로 할 것인가, 대내적인 고백문서로 할 것인가? 셋째, 그 참가 범위를 에큐메니칼 진영만을 염두에 둘 것인가, 교회 개혁의 기치를 들고 있는 복음주의권과의 연대까지 고려할 것인가? 넷째, 그 형식과 분량에서 일회적인 선언으로서의 간결성을 살릴 것인가, 교회에서의 지속적인 교육 자료로 삼을 수 있도록 서술성을 강화할 것인가? 이런 문제의식은 선언문 작성에 참여한 사람들이 많았고, 또 타당한 협의를 최대한 거쳐 완성시키자는 기본 취지가 있었기 때문에 생겨난 것이었다. 최종적으로 〈2010년 생명평화선언〉은 신학선언보다는 신앙선언으로, 시국비판보다는 고백과 다짐으로, 폭넓은 연대를 가능케 할 수 있는 방향으로 가다듬어져 갔다. 그리고 선언은 선언답게 하고, 교육에 필요한 추가 자료는 미래의 과제로 넘겼다.

그 경과를 살펴보면, 1월 7일 회의에서 "선언문 초안 작성위원회"에 참여할 20여 명의 신학자와 목회자가 거명되었다. 그리고 1월 14일에 열린 첫 회의에서 1차 초안 작성 방향과 방법에 대한 토론을 거친 후, 4명의 1차 초안 집필자가 선정되어 문서 작업에 들어갔다. 1차 초안은

1) 시대의 징조, 2) 한국 교회의 참회, 3) 현 상황에서의 예수 그리스도를 향한 신앙고백, 4) 생명질서의 비전, 5) 생명을 살리는 대안, 6) 에큐메니칼 행동과 연대를 위한 제안이란 내용으로 작성되었다. 그리고 20여 명의 작성위원들에게 이메일로 보내져 검토를 받고 재수정된 후, 2월 11일 1차 초안 검토회의가 기독교회관에서 열렸다. 22명이 참석(6명은 이메일로 의견을 보내옴)한 이 회의에서, 1차 초안의 기본 내용에 대해서 공감하면서도, 보다 대중적인 선언문이 되도록 수정하자고 합의되었다.

2차 초안의 집필자로는 9명이 선정되었다. 2월 16일, 2차 초안 작성을 위한 회의에서 1차 초안의 수정 방식을 확정짓고, 그 이후 10일 동안의 수정 및 첨가 작업이 진행되었다. 2월 26일 회의에서 최종적으로, 전문을 추가하고 1) 시대의 징조, 2) 한국 그리스도인들의 참회, 3) 한국 그리스도인들의 신앙고백, 4) 생명과 평화로 가는 길, 5) 생명과 평화를 위한 연대라는 2차 초안의 형식을 확정지었다. 그리고 완성된 2차 초안을 검토하기 위해, 3월 8일 기독교회관에서 20여 명이 참석하여 토론회를 개최했다. 토론회에서 2차 초안의 내용에 첨부되어야 할 사항들이 이야기되었고, 이어진 모임에서 2차 초안이 신앙고백적인 형식으로 재편집될 필요성이 있다는 의견이 제기되었다. 그리고 최종 문서를 만들기 위해, 2차 초안 작성위원에 3명이 추가되었다.

토론회 직후 2차 초안 편집 작업이 진행되었고, 3월 15일 최종안 채택을 위한 모임이 있었다. 발표일이 부활주일 전날인 4월 3일로 정해지고, 최종 문서는 1) 2010년 부활주일을 맞아(전문), 2) 시대의 징조와 참회, 3) 우리의 신앙고백, 다짐과 촉구, 4) 생명과 평화를 위한 연대라는 현재의 형식으로 확정되었다.

〈2010년 생명평화선언〉의 최종 문서가 완성되자, 이제 발표를 위

한 준비가 시작되었다. 3월 22일에는 기독교회관에서 "선언문 발표를 위한 기자회견"이 열렸다. 선언 행사를 알리고, 선언 참가자들의 소통을 돕기 위해 온라인 카페도 개설되었다.* 이 카페를 통해 해외에서도 참여할 수 있는 길이 열렸다. 기독교 신앙인들이 선언 소식을 듣고

---

* 3월 2일에 개설된 카페(cafe.daum.net/2010declaration)는 〈2010년 생명평화선언〉의 활동을 알리는 공간이었다. 여기에는 참가자들의 명단과 2010년에 진행되었던 후속 활동에 대한 소개와 자료가 담겨 있다. 2011년을 맞으면서, 〈2010년 생명평화선언〉의 정신을 잇는 〈생명평화마당〉이 시작되고 있다. 따라서 카페 이름도 바뀌었다.

참여할 수 있는 시간은 짧았지만, 모두 808명(62명의 해외 참가자, 4월 3일 이후 참가한 45명 포함)이 선언에 참여했다. 4월 3일 아침 두 개의 신문에 선언문의 내용과 참가자 명단이 전면광고로 실렸고, 오후 2시에는 기독교회관에서 선포 예배가 열렸다. 그리고 선언문은 영문으로 번역되어 해외 교회에 알려졌다.

## 3. 선언문 발표 이후의 활동

선언문이 발표되고 나니, "어떻게 생명과 평화를 열어갈 수 있는가?" 하는 보다 중요한 과제가 남게 되었다. 선언문 작성과 발표 과정에서 모아진 소중한 흐름을 이어 갈 실제적인 문제가 떠오른 것이다. 따라서 〈2010년 생명평화선언〉의 정신을 이어 갈 방안을 마련하기 위해, 선포 예배를 마친 후 긴급토론회를 가졌다. 여기서 많은 제안이 나왔고, 그 제안을 구체화시켜 실행할 주체로 실행위원회(7인)를 구성했다. 4월 29일 첫 번째 실행위원회는 첫 모임을 갖고, 선언에 참가한 사람들을 중심으로 선언위원회를 구성하고, 그것을 세 분과위원회(신학, 교회, 사회)로 세분하여 〈선언〉의 정신을 이어 갈 수 있는 활동을 모색했다.

선언 발표 이후 시급한 문제는 이 선언운동의 방향을 설정하기 위해 전체 선언위원들의 지혜를 모으는 것이었다. 따라서 5월 23일 한국기독교사회문제연구원에서 〈선언위원 1차 대회〉를 열었다. 40여 명이 모인 이 대회에서는, "2010년 선언의 의의와 과제: 교회 어디까지 변화해야 하나?"라는 주제(발제자 – 권진관 성공회대 교수)와 "〈생명과 평화를 여는 2010년 한국 그리스도인 선언〉 확산을 위한 제언"이라는 주제(발제자 - 양재성 기독교환경운동연대 사무총장)로 진지한 토론이 있었다. 토론의 핵심은 기독교 진보진영의 연합운동에 대한 공감대가 무르익었지만, 그 주체를 어떻게 형성할 것인가 하는 문제였다.

1차 선언위원 대회를 거치면서 분명해진 것은 〈2010년 생명평화선언〉 운동이 "선언"에 그쳐서는 안 된다는 점이었다. 4월 3일 선포 예배 이후에 가진 토론회와 1차 선언위원대회가 있기 전까지는, 선언을 어떻게 확대할 것인가, 다시 말해 A4 8장으로 만들어진 선언문의 내용을 세분화해서 각계각층에서 선언을 이어 발표하고, 또 1차 선언에 미처 참여하지 못한 사람들이 2, 3차 선언에 참여할 수 있도록 알리는 일에 주로 관심했다. 그러나 선언위원 1차 대회를 마치고 나서부터는, 선언 확대라는 기존의 관심이 선언 정신의 실질적인 계승 작업으로 변화되어갔다.

선언위원 1차 대회 이후의 활동은 선언위원회를 강화해서 부문별로 일을 벌여 나갈 수 있는 구상을 하는 방향으로 전개되었다. 따라서 교단별, 부문별로 선언위원을 보다 정밀하게 구성하고 개인 메일을 통해 참여 의사를 묻고 결속력을 키우는 과정을 거쳤다. 이로써 총 115명의 선언위원(신학자 24명, 지역 교회 목회자와 기독교 활동가 63명, 자문위원 28명)이 확정되었고, 6월 24일 감리교신학대학교에서 50여 명의 선언위원이 모여, "생명·평화의 기독교 운동을 어떻게 전개할 것인가"라는 주제로 〈선언위원 2차 대회〉를 열었다. 발제는 김영철 박사(새민족교회 목사)가 맡았고, 논평은 이정배 교수(감리교신학대학교), 정진우 목사(전국목회자정의평화협의회 상임의장), 최상석 신부(성공회환경연대 사무국장)가 맡았다. 하루 종일 진행된 이 대회의 오후 순서는 분과별로 모여서 생명평화신학, 생명평화교회, 생명평화선교를 어떻게 만들어 갈 수 있는지에 대한 논의였다. 이 대회 이후 각 분과별로

3명씩 선출하여 실행위원을 확충하고, 총 16명의 실행위원이 〈2010년 생명평화선언〉의 정신을 구현할 방향을 검토해갔다.

교회의 행사와 대학의 방학으로 긴 여름휴지기를 거치는 동안, 실행위원회는 여러 차례 모여서 진로를 모색했다. 그러나 실제적인 행사를 다각적으로 벌여 나가기에는 아직 힘과 준비가 모자랐다. 4월 3일 〈2010년 생명평화선언〉 발표 이후 6개월 동안은 대외적으로 두드러진 활동이 많지 않았지만, 그 목표가 점점 분명해지는 방향으로 흘러갔던 것만은 틀림없다. 10월 25일, 종교개혁주일을 앞두고 개최한 〈생명평화 심포지엄: 한국교회와 종교개혁〉은 이 운동이 무엇을 지향하고 있고, 무엇을 할 수 있는지에 대한 오랜 모색이 확연해지고 있음을 보여 주는 행사였다.

심포지엄은 크게 세 부분으로 이뤄졌다. 먼저 〈2010년 생명평화선언문〉 1차 초안의 전체적인 기초를 제시했던 김용복 박사(아시아태평양대학원대학교 원장)가 "새 시대의 새 신학: 생명평화의 신앙고백을 위한 신학적 전개"란 주제로 기조강연을 했다. 이어서 생명평화신학, 생명평화교회, 생명평화선교에 대한 발제와 논평, 토론이 이어졌다. 권

진관 교수(성공회대학교)의 "'오직 신앙만으로'의 내용은 생명평화"라는 발제에 김준우 박사(한국기독교연구소 소장)가 논평했고, 이원돈 목사(부천 새롬교회)의 "교회의 새로운 생태계로서 생명평화교회"라는 발제에 김경호 목사(들꽃향린교회)가 논평했고, 윤인중 목사(인천평화교회)의 "기독교 생명평화운동의 선교론 수립을 위하여"라는 발제에 이은선 교수(세종대학교)의 논평이 있었다. 마지막에 가진 전체토론은 매우 진지하고 오랜 시간 동안 이어졌다. 이 토론에서 〈2010년 생명평화선언〉 운동이 어디까지 왔으며, 무엇을 향하고 있는지가 분명해졌다.

심포지엄의 전체토론에서 정해진 것은 세 가지였다. 첫째, 〈2010년 생명평화선언〉 운동을 해 오던 팀이 새로운 조직은 만드는 것보다는 에큐메니칼 진영을 중심으로 한국 교회 갱신과 사회선교적 과제를 감당할 수 있는 그룹들을 포괄적으로 네트워킹해 나가는 일에 주력하자는 점. 둘째, 〈생평평화〉의 기독교적 의제를 발굴하고, 이 의제가 한국 교회에서 활발하게 토론될 수 있는 문화를 만들어 가는 활동을 하자는 점. 셋째, 활동을 효과적으로 지속시킬 수 있는 최소한의 사무국을 만들자는 것이다.

심포지엄 후 〈2010년 생명평화선언〉 운동은 정책위원회를 신설하여 압축적인 논의구조를 만든 다음 사무국을 꾸리고, 새롭게 전환하고 있는 이 운동을 이어 가기 위해 〈생명평화마당〉이란 새 이름으로 거듭난다. 그리고 12월 28일 기독교 사회선교운동을 해 온 제 단체들, 신학모임들과 함께 연합송년회를 갖고 2010년을 정리하며 새해 계획을 발표한다.


## 4. 〈2010년 생명평화선언〉 활동의 계승과 과제

2010년 4월 3일에 발표된 〈2010년 생명평화선언〉과 그 후속 활동은 한국 개신교 운동의 역사에서 중요한 상황적 의미를 갖고 있다. 그것은 에큐메니칼 진영이 대내외적인 절실한 요청에 응답하여 자발적인 연합운동을 시도했다는 점에 있다. 70, 80년대의 민주화와 인권운동에서 개신교 진보진영이 했던 사회적/교회적 역할은 그 후 절차적 민주주의가 확립되어 가던 시기에 점차 시들어 갔다. 그런 동안 세계는 신자유주의의 득세와 소비 문명의 범람으로 인해 무수한 문제를 만들어 내고 있었음에도 불구하고, 한국 교회는 이에 편승하여 더욱 타락하는 방향으로 흘러갔고, 기독교 진보진영 역시 그 진보의 미덕인 예언자적 비판과 미래적 가치의 창조를 힘 있게 전개하지 못했다. 과연 생명과 평화라는 시대적 가치를 널리 키워 가는 일을 준비하고 있는가? 개신교 진보진영의 효율적인 연대와 미래를 위한 투자가 이뤄지고 있는가? 하는 문제의식은 외부를 향한 비판이 아니라, 〈2010년 생명평화선언〉 운동에 참여해 온 사람들의 내부적 성찰이었다. 이 성찰이 공감대를 불러일으켜 자발적인 연합운동을 모색하게 한 동력이 되었다.

분명 2010년 1년 동안의 활동은 이 연합운동의 미래적 가능성을 엿볼 수 있는 실험이었다. 지역 교회 목회자와 기독교 사회선교 활동가, 그리고 신학자들이 함께 모여서 생명평화신학, 생명평화교회, 생명평화선교라는 공통의 방향을 세우기 위해서 머리를 맞댔다. 신학교의 목사 후보생들도 이에 호응하여, 11월 25일에는 감신대, 한신대, 성공회대가 연합하여 〈2010년 생명평화선언〉 운동을 주제로 학술제를 열었다. 물론 대부분의 사회/교회 운동은 그 운동을 뒷받침할 조직체를 필요로 한다. 〈2010년 생명평화선언〉의 정신을 이어받은 〈생명평화마당〉 역시 종국에는 그럴 필요가 있을 것이다. 그러나 아직 이 운동은 "실험"이요, 그렇기 때문에 조식으로 곧장 도약해야만 하는 조급함이 있을 필요는 없으며, 그렇다고 그 실험을 성공시킬 공감대가 미력한 것은 아니라고 판단된다. 실험은 살아 있는 생명체가 실행하는 것이요, 그 생명체가 살아 있는 한 실험은 계속될 것이고, 실험의 결과는 그 생명체의 힘으로 쌓이기 마련이다.

2011년을 맞아 〈생명평화마당〉은 새로운 활동을 계획하고 있다. 그것은 생명평화신학, 생명평화교회, 생명평화선교라는 세 가지 대주제를 구체적으로 풀어 갈 일이다. 이 일을 감당해 나가기 위해서는 한국 교회의 깨어 있는 신앙인들이 이 흐름에 함께하는 일이 필수불가결하다 할 것이다. 한국 교회는 현재 개교회 사이의 경쟁과 범교단적 교권투쟁으로 무너져 가고, 그 신앙은 교리주의와 번영신학으로 일그러져 가고 있다. 예수 그리스도의 복음의 회복을 열망하는 신앙인들이 일어설 때가 바로 지금이 아닌가!(에 4:14)

# 제1부

〈2010년 생명평화선언〉
선언위원대회

# 〈2010년 생명평화선언〉의 의의와 과제 : 교회 어디까지 변화해야 하나?

권진관 박사(성공회대학 교수)

"생명과 평화를 여는 2010년 한국 그리스도인 선언(이하, 〈선언〉)" 과 같은 선언을 자주 발표해야 한다. 선언이 필요된 이유는 선언을 함께 공동적으로 쓰는 행위를 통해서, 그 시대를 분석하고 설명하며, 나아가서 시대의 모순과 그 의미를 전체적으로 이해하는 것을 추구할 수 있기 때문이다. 〈선언〉은 우리가 직면해 있는 시대적 상황을 종합적으로 고백하고 우리의 나아갈 바를 천명한 것이었다. 이러한 종합적인 선언은 시대에 맞게 발표되어야 한다.

이러한 신앙고백적 선언(status confessionis)은 교회가 어디에 와 있는가를 점검할 수 있다. 그리고 교회의 죄책 고백도 여기에 포함되어야 한다. 우리는 이 선언에서 한국 교회가 교권주의, 교파주의적 분열, 제국주의적 선교에 앞장섰고, 가난한 이들을 외면하고, 비민주적인 제도를 유지하고 있다고 비판하였다. 그리고 한국 교회의 맘몬에 굴종하는 기복신앙, 이웃 종교 무시 혹은 적대, 반공과 분단주의를 비판하였다.

그렇다면 〈선언〉은 한국 교회가 어떤 교회로 거듭나야 한다고 밝혔는가? 한마디로, 한국 교회는 생명과 평화의 교회로 거듭나야 한다고 주장한 것이다. 생명을 파괴하는 맘몬주의, 독선주의, 적대주의를 벗어 버리고 생명과 평화의 공동체로 거듭나기를 희망하고 있다. 그리고 우리 신앙인들 모두 생명과 평화의 삶을 살도록 촉구하고 있다. 나아가서, 우리 정치, 경제, 사회, 문화의 제 영역에서 생명을 죽이고 평화를 파괴하는 모든 행태들에 대해서 비판하고 저항할 것을 요구하고 있다.

〈선언〉은 오늘의 상황에 대한 분석을 하였고, 과거의 잘못에 대해 참회를 한 후, 우리들의 신앙 고백을 삼위일체 신앙에 근거하여 했다. 이 고백은 다음 세 주체를 향해서 했다고 보고 정리해 보고자 한다. 나의 신앙을 향하여, 그리고 우리 기독교 공동체를 향하여, 그리고 우리 사회를 향하여 생명과 평화의 길을 제시하였다.


## 1. 생명과 평화를 위한 개인들의 삶

우리 사회가 온통 욕심과 쾌락의 마술에 사로 잡혀서, 이웃의 어려운 형편을 돌아보지 않고, 오로지 나만 잘살면 된다는 물질적 욕망에 사로잡혀 있다. 오늘날 우리들의 삶 속에는 이른바 생명생활 정치권력(bio-political power)이 우리 삶의 다양한 영역에 침투해 들어와 우리의 삶을 효과적으로 지배하고 있으며 우리를 정신적으로 사로잡아 이 권력이 원하는 삶을 살도록 인도하고, 강제하고 있다. "생명 생활을 관리, 통제 및 파괴할 수 있는 권력"(이하, '생명권력'이라고 표기)은 자기가 처방한 방식으로 살도록 사람들을 의식, 몸, 정신, 인간 집단, 문화를 전체적으로 관리하고 통제하고 노예화한다. 이 생명권력은 최고의 기능은 개개인의 "삶에 철두철미하게 스며드는 것이며, 이러한 권력의 일차적인 과제는 삶을 관리하는 것이다."* 그리하여 〈선언〉은 우리 남한에 사는 사람들은 약육강식과 적자생존의 삶의 원리를 따르며, 다른 생명을 파괴하는 대가로 얻어진 풍요의 물질문명에 탐닉하였다고 고백하고 있다.

생명을 필요하면 쓰고, 다 사용하고 나면 버리는 "일회용 생활용품"처럼 취급하고, 이용하고, 관리하고 지배하고 심지어 파괴해 버리는, 생명권력이 지배하고 있는 오늘의 사회 속에서 힘이 없는 사람들은 쉽게 죽음으로 몰리고 있다. 천안함 사태로 46명의 젊은이가 무참하게 죽어 갔다. 삼성반도체 여공들이 백혈병으로 죽었지만, 삼성이나 정부

---

* 안토니오 네그리, 마이클 하트, 《제국》, 윤수종 옮김(이학사, 2001), 53쪽에서 인용. 이 책에서는 bio-political power를 '생체 권력'으로 번역했지만, 나는 잘못된 번역이라고 생각하며, 이것을 여러 의미를 포함한 '생명생활을 관리, 통제, 파괴할 수 있는 정치권력'(짧게, '생명권력')로 불러야 한다고 생각한다. 생체는 육체를 지시하고 있다. 그러나 오늘날 '생명권력'이 관리되는 것은 인간의 육체만 아니라, 정신, 의식 등 전체적인 것을 관리, 통제한다는 점에서 생명 혹은 생활이라는 말이 더 적절하다고 본다. 김용복 박사는 '생명정치'라는 용어를 사용하고 있다. 그의 생명정치는 생명을 살리는 정치를 말한다. 나는 생명권력에 대항하여 생명정치를 말할 필요가 있다고 생각한다는 점에서 김용복 박사의 언어를 받아들이고자 한다. 참고로, 김용복 박사는 2010년 5월 20일 심원 콜로키움에서 발표한 논문, "생명과 평화를 향한 길"에서 생명정치를 이렇게 말하고 있다. "생명의 정치는 생명해방운동의 정치이다. 생명정치는 자유주의정치와는 다르다. 생명정치는 상생적 생명참여정치이다. 생명의 정치적 비전은 생명계 전체를 통전하는 공생동활의 정치적 비전이다. 생명정치는 생명권 정치공동체에 통합한다." 그리고 그는 정의는 사회/생태정의(Socio-Eco Justice)이며, 사회복지는 상생복지(Socio-Eco Welfare)라고 하였다. "생명복지는 모든 생명체를 주체로 일으켜 세워 상생을 통하여 생명의 충만함을 성취하도록 하는 것"이라고 하였다. 그리하여 모든 살아 있는 존재들의 공생과 상생을 추구하는 것이 사회복지라고 본다.

에서는 이들의 죽음을 산재 처리해 주지도 않을 뿐만 아니라, 아예 모른 척 넘어가려 하고 있다.

개인의 생명을 지배하는 생명권력이 보이지 않게 작동하고 있다. 그런데 이 생명권력은 특히 약자들의 생명을 파괴하고 있다. 약자 중에서 가장 약한 자는 자연생태계라고 하겠다. 자연생태계는 말이 없다. 사실 약자들은 상당수는 말을 잃은 사람들이다. 말을 못 하는 민중과 자연생태계가 파괴되고 있다. 4대강 사업은 생명권력의 작동을 극명하게 보여 주고 있다. 4대강 사업으로 농업을 천직으로 삼고 있던 수만의 농민들이 농토를 잃고 삶의 터전이 파괴되었다. 말 못 하는 생명들의 파괴는 물론이고 우리 조상의 얼이 담겨 있는 많은 문화유산들도 파괴되고 있다.

그런데 놀라운 것은 이렇게 생명 파괴와 평화를 깨고 있는 생명 파괴 권력에 대한 지지가 국민들 사이에 매우 높다는 것이다. 그만큼 우리 국민들 안에 이 생명 억압 권력에 의한 포섭과 지배가 침투되어 들어가 일부로 동화되고 있음을 알 수 있다. 많은 국민들이 세상의 욕망에 사로잡혀 주위의 죽어 가는 생명들에 대해서 무감각해졌다. 사도 바울은 이것을 육신에 속한 삶이라고 했다. "육신에 속한 생각은 죽음입니다. 그러나 성령에 속한 생각은 생명과 평화입니다."(롬 8:6)

성령에 속한 우리들의 개인적인 삶은 사랑과 절제의 삶을 추구한다. 사랑은 모든 생명을 사랑하는 것이고, 절제는 자기 자신을 확장하고자 하는 욕망의 절제를 말한다. 사랑은 절제와 검약, 그리고 나눔과 보살핌을 포함한다. 보살핌은 인간 사회와 생태환경 모두에 대한 보살핌이어야 한다. 인간의 사랑과 절제를 통하여 약자와 생태환경이 보호받게 된다. 하느님의 영은 살리는 영이시다. 성서는 하느님은 영이라고 했고, 또 사랑이라고 했다. 사랑은 살리는 힘이다.

## 2. 생명과 평화를 위한 기독교 공동체의 삶

〈선언〉은 우리 한국 교회는 이른바 "세습"을 일삼으며, 비민주적인 제도와 질서를 유지하며, 대형화 강박과 개교회 성장에 몰두하였음을 고백하였다. 이것은 오늘날의 생명권력 즉 맘몬의 권력이 우리 교회 안에 깊이 파고 들어와 교회의 삶을 조정하고 있다는 것을 반증한다.

민중교회의 경험을 보면 한때 민중교회는 민중운동 단체 혹은 민중운동을 위한 센터라고 불러도 좋을 정도로 교회이기보다는 지역사회에서 운동의 본부와 같은 기능을 한 적이 있었다. 그러나 이러한 센터로서의 교회가 오래가지는 못하였다. 그 이유는 "신앙공동체"의 측면이 동시에 발전되지 못하였기 때문으로 본다. 이러한 운동체로서 혹은 사회운동과 복지운동의 센터로서의 교회는 앞으로 "신앙공동체"로서의 교회와 잘 결합되어야 한다. 이러한 새로운 교회는 '생명과 평화의 교회'라고 부를 수 있을 것이다.

이러한 새로운 교회와 반대를 이루는 교회의 유형이 있다. 그것은 오늘날 맘몬의 종교로 변화된 대중적 기성교회의 모습에서 찾을 수 있다. 예수 믿고 현세에서는 부자 되고 죽어서는 천당 가자고 하는 종교가 있는데, 오늘날의 기성 제도교회가 이를 대표하고 있다고 본다. 어떤 사람들은 교회는 순수하게 내면적 신앙만을 양육하는 곳이므로 결코 사회적인 신앙이 교회에 들어설 수 없다고 주장한다. 이러한 보수적인 입장은 교회가 사회정의를 위한 활동을 하면 그것은 본분에서 벗어나는 것으로 본다.

오늘의 한국 교회는 육의 교회, 즉 "세상의 영"을 따르는 교회라고 규정할 수 있다. 여기에서 세상은 무엇을 상징하는가? 신약성서에서는 "세상"(the world)과 "나라"(the kingdom)를 상반된 것, 반대자로 본다. 왜냐하면 세상은 냉혹한 돈의 계산과 권력의 논리로 진행되는 곳임에 비해 하느님의 나라는 사랑과 정의의 논리로 진행되기 때문이다.

오늘날 우리에게 필요한 지혜는 생명의 지혜. 즉 육이 아니라, 영의 길이다. 이것은 세상의 강한 자들과 대비되는 약함의 지혜요, 세상적으로는 어리석은 자인 그리스도의 십자가의 지혜이다. 그러나 이러한 약함의 지혜는 생명과 평화를 가져오는 지혜이며, 이것은 인간과 인간의 화해뿐 아니라, 인간과 자연의 화해를 가져온다. 이러한 지혜는 어디에서 오는가? 우리는 이 지혜가 십자가에 달리신 그리스도로부터 온다고 믿는다(고전 1:23). 이 지혜는 생명을 파괴하는 온갖 권세를 이기는 지혜이며, 하느님의 힘이다. 이제 한국 교회는 약함의 지혜에 근거한 "생명과 평화의 정치," "예언자적 비판의 정치"를 이 땅에 펼쳐야 한다. 이 세상은 강함을 추구하며, 약한 피조세계를 파괴하지만, 우리는 고난과 약함 속에서 생명과 평화를 붙들어야 한다.

한국의 교회는 약함의 지혜, 십자가의 힘, 그리고 겸손과 봉사로 생명과 평화를 선포하는 삶을 살아야 한다. 그러나 한국 교회는 세상의 권력의 지혜를 따라, 대형화의 강박과 개교회 이기주의에 빠져 있다. 교회는 편안한 곳, 세상의 갈등과 문제에 대해서는 무관심한 곳, 오직 내면과 내세에만 관심을 가지는 곳, 은총과 평안을 비는 곳으로 간주되고 있다. 그리하여 교회 밖의 생명과 평화의 문제에 대해서 관심을 두지 않을 뿐만 아니라, 오히려 한반도의 평화에 저해가 되는 반공주의, 반북주의에 젖어서 남북 화해를 위해 일하는 것을 친북, 친공으로 생각하는 잘못에 깊이 빠져 있다. 그리고 남북관계가 위험한 상황으로 치달을 때에도 오히려 그러한 경향에 대해 지지를 표하거나 무관심하고 있다. 한국 교회는 개혁되어야 한다. 그것을 위해서 우리의 〈선언〉은 발표되었고, 이 불씨는 계속 살려 나가야 한다.

2013년에 WCC 총회가 한국에서 개최되는데 이것을 중요한 계기로 삼아야 한다. 그때까지 우리는 한국에서의 새로운 종교개혁을 시작해야 한다. 아니, 이 〈선언〉으로 한국의 종교개혁은 시작되었다고 선언할 수 있다고 본다.

지적할 것은 이 〈선언〉에는 한국의 종교개혁을 위한 한국 교회의 내부적 문제들을 충분하게 다루지 못했다는 점이다. 그렇다면 이제 우리가 준비할 것은 오는 종교개혁기념일을 기해서 한국 교회 개혁을 위한 비전을 제시하고, 신앙적 행동 강령을 밝히는 새로운 선언이 나와야 한다고 본다. 이것을 위해서 연구모임이 개최되어야 한다. 이 연구모임에서 오늘날 제도적 한국 교회의 신앙의 신학적인 내용과 그 전통의 뿌리를 밝히는 작업과 진정한 기독교의 신앙적, 신학적 근거가 무엇인가를 위해 적극적으로 연구해 내어 개혁을 위한 신앙적 신학적 기반을 형성해야 한다. 이번 〈선언〉에서는 한국 교회가 맘몬의 지배하에 들어갔다고 진단하였다. 그렇다면 무기력하고, 속속들이 "부패"한 한국의 대형 교회들의 신학적 뿌리를 드러내고 철저히 비판할 뿐 아니라, 그것을 대체할 대안을 찾아야 한다. 이를 위해 많은 신학자들, 목회자들, 평신도들이 참여하여, 민주적, 참여적, "공의회적" 과정을 통하여 새로운 신학적 내용을 도출해 내야 한다.


## 3. 사회 전체를 향하여

생명 파괴의 권력은 "무한경쟁의 신자유주의적 경제 질서 속에서 사회적 양극화"를 조성하였고, 재벌, 부자, 그리고 자본의 이익을 위한 정책으로 빈자들의 생존권과 생명권을 유린하고 있다고 〈선언〉은 밝히고 있다. 생명 파괴의 권력은 용산 참사에서 다시 나타났고, 소위 4대강 살리기 사업으로 재차 드러나고 있다. 이것은 다시 천안함 사건으로 남북관계의 심각한 위기로 몰아가고 대량 살상의 무력 충돌의 위험마저도 불사하는 사태로 몰고 가고 있다.

이러한 생명 파괴의 권력에 저항하는 담론은 인간의 생명권(生命權, right to life)과 모든 생태계의 생명권을 통합하며, 동시에 생명은 평화에 기초해야 한다는 담론으로 발전되어야 한다. 〈선언〉은 이러한 담론의 형성을 시도한 것이다. 이러한 시도에서 오늘날 우리들의 신앙고백이 어디를 향해야 하는가가 분명하게 드러났다.

모든 피조물은 생명을 살리는 일을 통해서 생명권력에 저항하는 '생명평화의 정치'에 참여한다. 생명을 살리는 일은 우리 사회의 민중과 약자를 보호하는 일을 포함하며, 나아가서, 다른 나라에서 온 외국인 노동자들을 비롯한 외국인들을 같은 동료요 친구로 받아들이는 일을 포함한다. 더 나아가서는 생태계의 생명을 살리는 일을 포함한다. 이것을 통하여 우리는 평화와 생명이 넘치는 한반도를 만들며, 나아가서 동북아와 아시아에 생명과 평화를 심어야 한다.

우선 죽어 가는 생명을 살리는 일이 급선무이다. 죽음의 생명 파괴 권력이 기승을 부리고 있어, 남북한의 긴장 고조가 극에 달하고 있다. 4대강 사업으로 생태계의 생명이 죽어 가고, 자원은 고갈되고, 빈자들과 약자들을 위한 복지는 실종되고 있다. 약자의 생명은 위협을 당하고 있다. 가난하고 약한 자들은 자기 몸을 보호할 힘도 없다. 그렇다고 국가가 지켜 주는 것 같지 않으며, 국가가 오히려 죽음을 조장하고 있다. 이들은 생명권력이 전무한 상태에 있다. 자연도 마찬가지로 말이 없고, 또한 권력도 없다. 자연이 행할 수 있는 것은 지진이나 쓰나미,

홍수와 같은 순수 폭력적인 힘(force, 이른바 피조물의 힘, chthonic force)이 있을 뿐이다. 자기 생명을 지킬 수 있는 권력은 없다. 지금 생명 파괴 권력이 일부를 제외한 모든 생명을 파괴하는 방향으로 나아가고 있다. 이러한 생명의 위기를 이번 〈선언〉은 문제 제기 하고 있는 것이다.


## 4. 마무리

결론적으로, 한국의 기독교(개신교)는 과도하게 인간중심적이기 때문에 피조세계의 신음을 듣지 못하고 있다. 모든 피조물은 이 신음을 듣고 응답할 수 있는 하느님의 자녀들이 나타나기를 고대하고 있다(롬 8:19). 또한 한국 기독교는 인간 내면의 세계에 관심을 가지며, 교회 안팎에서 사회적 약자를 홀대하며, 강자를 축복하는 경향을 보이고 있다. 이것으로 한국의 개신교회는 비역사적, 비사회적일 뿐 아니라, 사회의 빛과 소금의 역할을 하지 못하고 있음을 보여 준다. 이제 한국의 기독교는 역사의 소명의식과 자연의 생명의 관점으로 돌아서야 하고, 거듭나야 한다. 역사의식과 생명 사랑의 정신으로 신앙과 영성이 혁명적으로 재구성되어야 한다. 오늘날 한국 교회 안에 깊이 침투해 들어와 있는 생명 파괴 권력의 실체를 밝혀 낼 과제가 우리 앞에 놓여 있다. 또한 우리는 진정한 신앙과 복음이 무엇인지를 분명히 밝힐 필요가 있다. 이를 위해 우리는 많은 토론과 대화와 공부를 통해 한국 교회를 위한 신학을 재정립할 과제를 감당해야 한다.

문제의 핵심에는 교회의 개혁이 있다. 한국 교회는 지금 황금만능주의, 성공주의, 개인주의를 조장해 왔다고 〈선언〉은 고백하고 있다. 교회 개혁은 곧 사회 개혁에 이바지하는 방향으로 가야 한다. 지금까지 사회 개혁과 정치 참여를 해 온 기독교 진보진영이 상대적으로 교회를 돌아보지 않고 교회 개혁에 소홀했던 것을 반성해야 한다. 그리고 교회의 기본이 되는 바른 신학사상과 신앙관이 무엇인가를 밝혀내는 일에 상대적으로 무관심했던 것도 사실이다. 성서와 예수 그리스도의 의미에 대한 올바른 이해, 기독교의 궁극적인 지향점에 대해서 분명하게 밝혀내는 일이 중요하다. 이러한 것이 정립되지 않다 보니까, 맘몬주의와 구복신앙, 교권주의가 무분별하게 한국 교회 안에 들어와 그리스도의 복음을 왜곡시켜 버렸다. 이제 우리에게 주어진 중요한 과제는 한국 교회의 개혁이다. 이것은 우리가 2013년 WCC 총회 개최를 준비하면서 더욱 박차를 가해야 할 과제라고 본다.

## 〈생명과 평화를 여는 2010년 한국 그리스도인 선언〉 확산을 위한 제안

양재성 목사(기독교환경운동연대 사무총장)


### 선언의 취지

- 성장주의에 매몰되어 왜곡된 보수주의에 볼모가 된 한국 교회의 정체성 재고
- 세상을 변혁하는 교회의 위상 재정립을 위한 교회 내부적 요청
- 시대적 현상에 응답하고자 하는 진보적 그리스도인의 요청
- 추락하는 교회에 대한 사회적 비판에 대한 응답으로 새로운 길을 모색
- 생명이 충만한 세상을 추구하는 세계 에큐메니칼 운동을 촉진


### 선언의 역사

- 반독재민주화를 위한 〈1973년 한국그리스도인 신앙선언〉

- 1988년 〈한반도 평화와 통일을 위한 신앙선언〉
- 생명과 평화를 위한 〈2010년 한국 그리스도인 신앙선언〉

## 선언의 내용

- **시대의 징조**: 제국의 군사주의, 자본주의 지구경제시장체제, 근대
  과학기술체제, 약육강식과 적자생존의 이데올로기, 죽임의 문화,
  탐욕의 종교, 생태파괴에 대한 비판과 저항, 그리고 대응과 대안
  모색
- **참회**: 맘몬에 굴종하는 기복신앙, 분단을 고착화시키는 전쟁 이데
  올로기 지지, 패권적 억압정치에 순응, 생태계를 파괴하는 편리
  와 풍요를 탐닉한 죄, 성공주의 사회체제 재가, 소비주의적 물질
  문화를 부추긴 죄, 제국주의적 선교, 창조질서를 파괴
- **고백**: 창조주 하나님, 자연의 은총, 생명과 평화의 왕이신 예수
  그리스도, 약자를 위한 사랑, 우주적 교회의 실현, 절제의 삶, 창조
  질서 보전
- **이웃종교들과의 연대**: 종교 간의 대화와 연대를 통해 우주적 생명공
  동체 실현
- **생명과 평화로 가는 길**: 전쟁 없는 시대 구현, 경세제민의 질서 형성,
  참된 민주주의 실현, 생명을 가꾸는 지혜 발전, 공생과 상생의
  공동체 문화 형성, 생명농업의 재인식과 재구성
- **생명평화를 위한 연대**: 지역, 국가, 역내, 세계, 우주적 차원에서의
  태평공동체 실현을 위한 에큐메니칼 연대 모색

## 선언의 자리

- 적절한 시기에 시대적으로 화급한 현안을 신앙과 선교의 중심과
  제로 채택하였다.
- 한국 교회와 현대인들에게 길잡이가 될 수 있는 소중한 지침이었다.
- 교회의 궁극적인 목표가 생명평화의 하나님 나라임을 분명히 하
  였다.
- 다양한 단위에서 다양한 분들이 선언문 작성에 참여하였다.
- 더 많은 사람들이 동참하지 못하고 선언 서명을 발표하여 아쉬웠다.

## 선언의 대상

- 선언의 가장 우선적 대상은 우리 자신이며 한국 교회이다.
- 사회와 세계를 향한 선언이다.

## 선언의 확대

- 한국기독교교회협의회 등 각 교단 및 단위에서 〈2010 선언〉을
  받아 재해석하여 다시 선언한나.
- 2013년 세계교회협의회 9차 부산총회의 주제와 선언에 담아 향
  후 7년간 세계 교회가 생명과 평화를 비전으로 붙들고 살아갈 것
  을 결단한다(영문으로 번역하여 세계교회가 공유).
- 확대를 위한 기구를 구성하고 우선적으로 2010년 종교개혁주일
  이나 성탄절에 2차 선언을 한다.

## 선언의 확대를 위한 기구 구성

- 2010 선언위원회를 구성한다.

- 약간 명의 고문 및 자문위원를 구성한다.

- 실질적으로 선언위원회를 이끌 수 있는 실행위원회를 구성한다.

- 영역별 위원회를 구성한다(신학위원회, 교회위원회, 사회위원회 등).


## 선언위원회의 일감(토론 자료)

### 신학위원회

- 선언문에 대한 학술포럼 또는 전문가 연구를 통해 생각을 모은다.

- 선언문을 기준으로 현안에 대한 신학적 응답을 한다(천안함 등 남
  북문제, 4대강 등 난개발).

- 선언문에 관한 역사/의의를 정리하여 소책자를 만든다.

- 생명평화신학을 구성하고 복음의 내용을 튼실하게 하는 생명평
  화신경을 만든다.

- 신학자, 신학생 선언을 견인하고 파급시킨다.


### 교회위원회

- 선언문을 배포, 교육할 수 있는 교회를 발굴한다.

- 선언문을 교회에서 교육 및 예배 자료로 활용할 수 있도록 재구성
  한다.

- 교회별 생명평화선언을 권유하고 세칙을 만들어 실천하게 한다.

- 세계 교회 부산총회와 연계하여 주제나 선언에 담는다.

**사회위원회**

- 기독교 부문별 사회운동과 연계활동을 통해 확대 재생산한다(각 단위별 선언).
- 지역 조직과 연계하여 지방으로 확산하고 해외 조직과 연계하여 국제적으로 확산한다.
- 선언문을 실천 세칙으로 만들어 함께 실천한다.

## 나가기

- 기독교의 핵심은 예수 운동이며 예수 운동의 핵심은 하나님 나라 실현이다.
- 하나님 나라의 두 기둥이 생명과 평화이니 생명평화선언은 기독교의 핵심 복음이다.
- 우리가 걷고 있는 길도 처음엔 길이 아니었다. 하지만 누군가가 먼저 걷고 이어서 따라 걷다 보면 길이 된다. 선언자들이 먼저 선언한 것을 실천하여 생명평화의 길을 걷다 보면 한 번도 가보지 않은 새로운 길이 생겨 우리와 한국 교회, 세상을 구원할 것이다.
- 이 일은 하나님이 기뻐하시는 일로 지체할 수 없다. 뜻을 같이 하는 사람들은 동행이 되자.

# '생명과 평화의 기독교 운동'을 위하여

김영철 목사(새민족교회)

## 생명과 평화가 위협받는 시대

바야흐로 생명과 평화의 시대이다. 생명과 평화는 시대의 화두요 복음의 핵심이다. 이 말은 역설적으로 이 시대에 생명과 평화가 가장 위협받고 있음을 말한다. 21세기의 상황은 생명의 위기, 평화의 위기로 집약된다. 전 세계는 지구 온난화로 인한 기후 변화로 총체적 생명의 위기 앞에 서 있다. 이제 인류는 동과 서, 남과 북을 떠나 지구와 인류의 생존에 기로에 서 있다. 그런가 하면 냉전시대 종식 이후 전세계의 곳곳에서 민족 간, 종교 간 갈등으로 인한 국지전이 벌어지고, 9.11사태로 인한 미국이 주도하는 "테러와의 전쟁"과, 아프가니스탄, 이라크 전쟁으로 인해 세계 평화는 전면적으로 위협받고 있는 실정이다. 지난 30여 년 동안 진행된 "경제적 신자유주의와 정치군사적 패권주의는 세계인의 자유와 인권, 민중의 생존권, 민족의 자결권, 나아가 모든 생명체의 생명권을 억압하고 있는 실정이다.

우리가 살고 있는 한반도도 예외는 아니다. 특히 지난 2년 반 동안의 이명박 정부의 개발정책과 남북대결정책으로 인해, 한반도에서도 생명과 평화를 이루려는 노력은 중대한 위협을 받고 있다. 자본의 이익만을 위해 진행되고 있는 도시 재개발 사업은 민중들의 삶터와 생활권을 유린하면서 용산 참사와 같은 비극을 일으켰고, "4대강 살리기 사업"이란 미명 아래 이루어지는 거대한 토건사업은 생태질서와 민중의 생활 터전을 파괴하고 있다. 이명박 정부의 대북정책은 남북한의 대립과 갈등을 초래하여 그동안 이루어 온 한반도의 화해와 통일을 향한 성과를 무너뜨리고 있으며, 천안함 사건을 계기로 전쟁을 부추기는 태도까지도 취하고 있다.

따라서 오늘의 이 시대를 생명과 평화가 근본적으로 위협받는 위기의 시대라고 하지 않을 수 없다. 따라서 우리 신앙인들에게는 생명과 평화를 향한 "신앙고백적 선언(status confessionis)"이 절실히 필요한 시기일 것이다.

이러한 상황에서 〈생명과 평화를 여는 2010 한국그리스도인선언〉(이하 '2010 선언')이 지난 부활절에 발표되었다. 신학자들과 목회자들의 자발적인 활동에 의거하여 여러 번의 준비모임을 통해 발표된 생명과 평화의 선언은 〈1973 한국그리스도인 신앙선언〉과 1988년 〈민족의 통일과 평화에 대한 한국기독교회선언〉 등, 민족의 고난과 희망에 참여하기 위해 예수 그리스도를 따라 악의 세력에 저항하고 투쟁해 온 전통을 이어 가려는 노력으로 스스로를 이해한다. 나아가 '2010선언'은 이러한 위기의 시대에 무기력하게 자기 확대에만 골몰하는 한국교회의 개혁과 새로운 운동을 위한 선언이다. 자발적이고 비공식적 차원에서 시작되었지만 1천여 명의 기독교인이 참여하고 해외의 한국 교인들도 적극적으로 호응해 주었다. 이것은 교회의 개혁과 새로운 운동을 향한 한국 기독교인의 열망이 드러난 것이라 하겠다.


## 위기의 한국 교회


생명과 평화가 위협받는 '위기와 절망의 시대'를 살아가고 있는 한국 기독교인들은 이 시대를 향한 예언자의 목소리를 드높이고 예수님이 말씀하신 하나님 나라를 선포해야 할 때이다. 그러나 오늘의 한국 교회의 현실을 보면 그런 과제를 담당하기에는 역부족이라는 생각이 든다. 어쩌면 한국 교회는 도리어 그와 같은 생명과 평화의 위기를 낳고 있는 원인 제공처가 아닌가 하는 생각까지도 든다. 왜냐하면 오늘날 생명과 평화를 파괴하는 이명박 정부의 가장 든든한 지지기반이 되고 있기 때문이다. 이는 단지 장로가 대통령이기에 지지한다는 단순한 이유만은 아니다. 지난 30년간 한국 교회가 급속한 성장을 이루는 과정에서 가졌던 성장지상주의 근본주의적 신학의 영향이나 친미 반공주의적 태도, 신자유주의적인 경쟁 논리에 대한 맹신이 가져온 결과일 것이다. 오늘날 맘몬의 종교로 변화된 대중적 기성교회는 예수 믿고 현세에서는 부자 되고 죽어서는 천당 가자고 하는 종교로 전락했다. 어떤 사람들은 교회는 순수하게 내면적 신앙만을 양육하는 곳이므로 결코 사회적인 신앙은 교회에 들어설 수 없다고 주장한다. 이러한 보수적인 입장은 교회가 사회정의를 위한 활동을 하면 그것은 본분에서 벗어나는 것으로 본다. 그러한 결과로 오늘날 한국 교회는 사회적 역할과 신뢰를 잃었고 심지어 종교로서의 존재감마저 상실한 것이 아닌가 하는 의문을 가지게 된다. 작년 천주교 김수환 추기경의 선종이나 올해 불교 법정 스님의 입적에서 보여 준 사랑과 무소유의 종교인의 삶과 비교되는 일부 개신교 지도자들의 치부 행위와 교회 세습 등은 일반인들에게 개신교의 종교적 가치에 대해 심각한 의문을 제기하게 하는 것이 너무나 당연하기 때문이다. 이러한 한국 교회의 모습을 '2010선언'에서는 우리의 죄책으로 고백하며 참회하고 있다.

하나님 나라를 앞당겨 살아야만 할 교회는 종교적 이상과 양심을 잃은 채, 교권에 의존하는 오만에 물들고 교리만을 신봉하는 분열에 중독되었습니다. 화해와 평화의 참된 종교 정신을 파괴하는 제국주의적 선교를 일삼고, 각종 배타적 차별을 당연하게 여기며, 교회 안에서부터 비민주적인 제도와 질서를 유지하면서, 개교회의 성장만을 꿈꾸는 죄를 지었습니다. 지혜롭고 의롭고 공평하고 정직한 마음(잠1:3)을 양육하여 하늘과 역사의 제단에 바치기보다는, 이 세상의 풍요와 저 세상의 구원을 약속하는 종교적 안일에 빠진 죄를 참회합니다.

한국 교회의 일방적인 보수화 경향은 보수적 기독교 연합체인 한국기독교총연합회(한기총)과 상대적으로 진보적 기독교의 연합체인 한국기독교교회협의회(KNCC)의 지난 십여 년 간의 위상 변화를 보면 알 수 있다. 연륜도 짧고, 결속력도 미약한 한기총이 숫자의 우위를 바탕으로 한국 개신교회의 주류로 인정되는 분위기이다. 십여 년 만에 외국에서 돌아와 살펴본 한국 교회의 상황은 "진보 교회의 왜소화, 중도합리적 교회들의 무력화, 보수 교회의 급격한 팽창"으로 보였다. 본 발제자가 소속된 교단(예장통합)이나 민중교회운동에 참여했던 지역(인천)의 경우를 살펴보니 이는 확연히 드러났다. 예장통합이 사학법 재개정을 두고 가장 앞장서서 활동한 것은 다 아는 사실이다. 개인적으로 놀랐던 것은 교단 집행부나 대교회 목회자들이 삭발투쟁을 감행한 것이다. 군사독재 시절 수많은 시위와 농성 단식투쟁도 했지만 한 번도 삭발은 해 보지 않았는데 참으로 대단하다(?)고 생각이 들었다. 이명박 정부 등장 후 교단 교회의 장로가 대통령이라는 이유에서인지 정부의 정책에 일방적 지지를 보일 뿐만 아니라 비판의 목소리에 대해 징계의 칼날도 서슴지 않았다. 노무현 전 대통령의 사후 목회자 성명서에 서명했다는 이유로 사임당한 목회자가 있을 정도였다. 첨예한 여야 대립과 찬반 논란이 있는 4대강 사업이나 천안함 문제에 대해서도 정부 쪽 입장을 일방적으로 지지하고 있으며, 이에 대한 무게 있는 비판의 목소리는 교단 내에서 찾아볼 수 없다. 교단 내에서 진보적 교회(민중교회나 대안적 작은 교회)들은 급속도로 약화되었고, 인권위원회나 사회복지선교, 그리고 합리적 일반 목회를 하는 중도적 교회는 거의 무력화되었기 때문이다. 반면 대형 교회를 중심한 보수적 교회들의 영향력은 급격히 팽창되었다. 물론 대형 교회의 목회자들의 신학적 성향이나 목회적 방향도 보수 일변도이다. 이는 지역적 차원에서도 예외는 아니다. 인천 지역에서 진보적 교회라고 할 수 있는 민중교회나 정평목협 목회자들의 교회는 현저히 약화되었고, 감리교 목회자들을 중심한 인권위원회 활동은 거의 무력화되었다. 일부 대형 교회(인천순복음교회나 주안장로교회)만이 급격하게 성장했으며 많은 대형 감리교회들은 목회자 세습이 이루어졌다. 결론적으로 지역과 교단을 불문하고 한국 교회는 "일방적 보수화"가 진행되고 대형 교회와 작은 교회의 양극화가 심각하게 진행된 것이다.

## 에큐메니칼 교회의 비판적 성찰(critical reflection)

그렇다면 왜 이렇게 일방적 보수화, 양극화라는 한국 교회의 위기가 진행되었는가? 그것은 많은 학문적 분석과 토론을 필요로 한 일일 것이다. 여기에서는 자기성찰의 의미로 진보적 교회나 에큐메니칼 운동에 대한 문제와 한계를 살펴보고자 한다. 물론 지난 시대에 교회일치와 사회변혁을 위해 민중신학과 "하나님의 선교" 신학을 바탕으로 일해 왔던 한국의 에큐메니칼 운동은 한국 사회의 민주화와 통일 그리고 교회 갱신을 위해 많은 기여를 했다. 그러나 앞에서도 지적했듯이 한국 교회에서 점점 왜소화되고 사회적 영향력과 실천 또한 미미해졌다. 그러기에 무엇보다 자기 자신을 돌아보는 '비판적 성찰'이 필요한 때이다.

1. 왜 진보적 신학과 에큐메니칼 운동이 사회의 변혁에는 큰 기여를 하면서도 정작 자신의 운동의 기초가 되는 교회에서는 기반을 상실했는가를 냉정하게 살펴볼 필요가 있다. 근본적으로 한국의 기성교회나 교단들은 보수적 개교회주의와 교회 성장신학에 기초하여 교회의 세를 불려 가는 흐름을 가졌고, 에큐메니칼 신앙과 사회 참여 전통으로 그리스도의 고난에 참여해 온 진보적 교회의 경향으로 인한 차이가 나타날 수 있다. 진보적 교회와 에큐메니칼 운동은 하나님의 선교신학에 기초하여 '교회 중심'이 아닌 '하나님의 선교(missio Dei)'와 사회선교를 감당하는 데서 오는 결과일 수 있다. 여기에 에큐메니칼 운동에 참여한 많은 기독교인들은 사회운동의 참여 속에 여러 정치세력과 연대하고 함께 일하며 때로는 그러한 정치세력들의 한계에 함께 매몰되기도 했다. 예를 들어 지난 김대중 노무현 정부 치하에서 많은 진보적

그리스도인들이 여러 수준의 정치참여를 해 왔는데 이러한 과정에서 정권의 한계에 함께 포로가 되거나, 무책임하게 교회를 떠남으로 인해 보수적 기독교인들로부터 비판받는 빌미를 주기도 했다. 비교하자면 최근에 활발한 활동을 전개하고 있는 복음주의권 사회선교 그룹들은 꾸준히 교회 개혁과 목회적 개발에 천착하고 있다. 따라서 에큐메니칼 진영은 좀 더 교회론을 세부적으로 정립하고 진보적 교회의 목회적 개발에 헌신하는 노력이 부족했음은 돌아보아야 한다. 나아가 한국 교회의 대부분을 차지한 중소형 교회 중심의 건강한 교회운동, 작은 교회 운동으로 대형 교회 중심의 성장주의, 맘몬주의를 대체해 나갈 수 있는 노력이 절실하다.

2. 진보적 기독교 운동의 신학과 운동의 구심이 약화되거나 무력화 되었다. 지난 시대 한국 교회 에큐메니컬 운동의 신학으로 자리매김했 던 민중신학은 민중신학을 정립했던 1세대 민중신학에서 2세대 3세 대로 창조적으로 계승되지 못하고 한국 교회와의 소통에 한계를 보였 으며, 아울러 신학 제 분야 별로 확산되어 발전하지 못하였다. 해방신 학의 예를 보면 특별히 조직신학이나 기독교 윤리학 부분에서 계속해 서 많은 신학적 작업이 진행되었고, 그 결과로 해방신학의 종합적 정 리가 이루어졌으며, 생태신학으로의 발전도 시도되었다(레오나르도 보 프). 그런 면에서 진보적 신학의 이론적 작업의 정체 현상을 통해 에큐 메니칼 운동의 이론적 기반이 점점 상실되었다고 하겠다.

또한 진보적 기독교 운동의 구심이었던 KNCC는 그 위상과 활동이 급속도로 약화되었다. 한편으로는 사회주의권 몰락과 시민사회 운동 의 활성화라는 사회 변화 속에서 공적 영역에서 사사화(privatization) 되고 사회적 영향력이 축소되었으며, 한국 교회의 전반적인 보수화 경향 속에 한기총에 대표적 연합체의 위상을 빼앗기고, 자체 내에서도 교단 협의체로서의 일정한 보수화 경향을 나타내면서 기독교 운동의 구심체로서는 무기력화되었다.

말하자면 진보적인 교회 운동이나 에큐메니칼 운동은 이론적 구심과 조직적 구심을 상실한 채 보수적 신학의 격랑 속에 휩쓸리거나 고립분산되어 왜소화되었던 것이다. 이런 상황에서 진보적 기독교 운동의 이론과 조직의 중심의 건설은 절실하다 하겠다. 나중에 기술하겠지만 "생명평화신학"과 가칭 "기독교생명평화연대"를 제안하는 이유가 여기에 있다.


3. 앞에서 기술한 문제와 직간접적으로 연결되어 있는 문제인데 그나마 진보적 기독교 운동 안에서도 소통과 연대가 부족했다. 에큐메니칼 운동에 동참하는 제 단체들이나 여러 집단 즉 신학자와 목회자 그리고 기독교 사회활동가 사이의 소통이 절대적으로 부족하다. 아울러 목회자 운동과 평신도 운동 간의 대화도 절실히 요청되었다. 귀국 후 지난 1년 6개월의 에큐메니칼 운동 참여 속에 느끼는 것은 에큐메니칼 운동 제 단체들, 예를 들어 정의평화목회자협의회, 예수살기, 촛불을 켜는 그리스도인 모임, 기독교사회운동협의회, 정의평화기독인연대 등이 회원들이 중복되고 참여 교회는 한계가 있으면서도 고립분산적으로 활동하고 있다. 그런가 하면 제반 신학연구소와 신학자들 그리고 현장 목회자들과 활동가들 사이에서도 이론적 실천적 상호작용이 전혀 이루어지지 않고 있다. 예를 들어, 민중신학을 표방하는 학회가 민중신학회, 죽재기념사업회, 심원기념사업회 등 여러 개 있지만, 정작 민중교회 운동이나 민중목회자들과는 상호 협력하지 못하고 있다. 그런 면에서 에큐메니칼 운동 단체들이나 여러 집단 사이의 소통과 교류

가 절실하며 이를 효율적으로 해 나갈 수 있는 연대 틀이 필요한 상황
이다.

4. 그동안의 진보적 기독교와 에큐메니칼 운동은 지나치게 도시와
기관 중심의 엘리트 운동으로 발전해 왔다고 하겠다. 그런 면에서 풍
성한 기독교의 영성적 전통이나 농촌과 공동체에 기반한 생명운동으
로 발전하지 못한 것은 아닌가 돌아보아야 한다. 농촌 교회와 공동체
운동을 통한 생명운동과 새롭게 부상되는 평화선교 운동에 주목해야
한다.

아울러 이제까지의 에큐메니칼 운동이 목회자 중심으로 진행되어
오면서 진보적 평신도들의 활동이 미흡했고 진보적 평신도 운동이 활
성화되지 못했다. 왜 장로연합회나 평신도연합회, 여신도연합회 들이
대부분 보수화되고 기존의 기독청년 운동이 청장년 운동으로 발전되
지 못했는가를 돌아보아야 한다.

아울러 그동안의 에큐메니칼 국제연대는 상층부 중심의 신학적 연
대에 머물러 왔다. 한국 교회의 민중 선교의 전통에 기반하여 아시아
지역을 비롯한 제3세계 교회들과 선교적 연대를 확대하는 "민중 선교
의 세계화"가 필요하며, 이를 위해 바닥에서의 에큐메니칼 연대를 확
대해 가야 한다.


## "생명과 평화 기독교 운동"을 제안하며

생명과 평화의 절대적인 위기의 시대를 살아가는 우리는 더 이상
머뭇거릴 수 없다. 이러한 차원에서 한국 교회에서의 "생명과 평화를

위한 기독교 운동"을 제안한다. 이는 '생명평화신학'에 기초한 '생명평화 교회운동'과 '생명평화 선교운동'으로 나타날 것이다.

기독교 운동은 여타 운동과 마찬가지로 이론과 주체 그리고 방향을 가져야 한다. 기독교 운동의 이론이 바로 신학이라 할 수 있다. 그리고 신학을 구체적으로 실천해 나갈 주체는 '생명평화신학'에 기초한 신앙을 지닌 기독교인 개인이 되겠지만 조직적으로는 교회라 하겠다. 앞에서 지적한 한국 교회의 보수성과 퇴행성과 진보적 교회들의 무력화, 고립분산화에 비추어 이를 묶어세울 수 있는 전반적 교회론이 필요하다 하겠다. 물론 이러한 기성교회의 한계를 극복하고 새로운 교회운동을 펼쳐 나가려는 움직임은 오랫동안 있어져 왔다. 80년대와 90년대에 활발하게 진행된 민중교회 운동이나 작은 교회 운동, 그리고 최근의 예수살기나 대안교회 운동 등을 예시할 수 있다. 그러나 이러한 교회운동들이 한국 교회의 대중적 교회운동으로 발전되지 못한 한계도 있었다. 다양한 대안교회 운동들을 수렴하면서 새로운 교회대중운동론을 창출하는 것이 필요한바, '생명평화교회론'이 필요한 시점이라 하겠다. 나아가 이러한 교회들이 펼쳐 나갈 구체적인 활동 방향 정립이 필요한데 이 부분은 "생명평화선교론"이 될 것이다.

## 1. "생명과 평화의 신학"을 위하여

먼저 '2010선언'과 관련한 신학적 후속 작업이 필요하다. 이는 '2010선언'의 신앙고백적 의의나 교회사적 의의 등을 학술포럼 또는 전문가 연구를 통해 모아 나간다. '2010선언'에 기초하여 교회와 사회 현안에 대한 신학적 응답을 하며, 선언에 기초한 "생명평화신경"을 만들어 나간다. 아울러 신학생들을 견인해 내고 학교에서 '생명평화신학'

을 교과 과정에 반영한다.

'생명평화신학'을 새로운 '한국적 신학'으로 발전시킨다. '한국적 신학'을 말함에 있어 과거에 토착화신학(문화신학)과 민중신학(정치신학)이 창조적으로 만나지 못한 것이 큰 아쉬움으로 남는다. 토착화신학은 정치적 실천이나 민중의 삶에 뿌리내리는 신학으로 발전하지 못했고, 민중신학은 한국의 문화적 전통이나 타 종교와의 대화를 통한 '한국적 기독교'를 세우는 데 일정한 한계를 보이게 되었다. 이를 위해 두 신학적 흐름과 아울러 여성신학이나 생명신학(생태신학)의 작업들을 수렴하고, 한국의 문화와 타 종교의 생명평화사상과 대화하며, 아울러 기독교 신앙전통에서의 생명평화사상(예를 들어 유영모과 함석헌의 씨알사상)을 발전시켜 나가야 할 것이다.

'생명평화신학'을 에큐메니칼 신학과의 대화 속에 정립해 나간다. 주지하다시피 1990년대 이후 에큐메니칼 운동은 '신앙과 직제(faith and order) 운동'과 '삶과 봉사(life and service) 운동'이 합류하여 나타나고 있다. 이는 교회론과 윤리가 합류하는 경향이다. 이는 1993년 산티아고 신앙과 직제 대화문서 "신앙과 삶과 증언에 있어서 코이노니아를 향하여"에서 확고하게 정향되었다. 따라서 생명평화신학은 '생명평화교회론'과 '생명평화윤리'를 에큐메니칼 신학과의 대화 속에 발전시켜 나가야 한다.

현대 금융자본주의는 맘모니즘(Mammonism)이라는 신학적 문제를 제기한다. 금융 시스템이 가지는 물신성은 더 이상 교회가 피해 갈 수 없는 신앙의 문제가 되었다. 신자유주의 세계화로 인한 국제적, 국내적 양극화의 심각성은 두크로가 지적하듯이 경제 문제는 단순히 경제의 문제가 아니라 '신앙의 문제(matter of faith)'임을 고백하게 되었다. 신자유주의 세계화와 경제 문제에 대한 신학적 작업이 요구된다.

또한 오늘날 심각한 생태 위기와 관련하여 지금까지의 산업 문명의 틀을 넘어선 새로운 생명 문명의 창출을 위한 신학적 제안이 세계 에큐메니컬 운동과 신학에 절대적으로 중요하다.

세계적으로 분쟁이 끊이지 않고, 한반도에서의 평화의 위기 속에 평화의 신학을 발전시켜 나간다. 평화신학을 위하여 종교개혁 전통 중에 재세례파(Anabaptist)들의 신학과 실천을 주의 깊게 살펴볼 필요가 있다.

## 2. "생명과 평화의 교회"를 위하여

한국 교회 문제의 핵심은 교회의 개혁이다. 한국 교회는 지금 황금 만능주의, 성공주의, 개인주의를 조장해 왔다고 '2010선언'은 고백하고 있다. 교회 개혁은 곧 사회 개혁에 이바지하는 방향으로 가야 한다. 앞에서도 지적했듯이 오늘날 사회 개혁과 정치 참여를 해 온 기독교 진보진영은 상대적으로 교회를 돌아보지 않고 교회 개혁에 소홀했던 것을 반성해야 한다. 그리고 교회의 기본이 되는 바른 신학사상과 신앙관이 무엇인가를 밝혀내는 일에 상대적으로 무관심했던 것도 사실이다. 성서와 예수 그리스도의 의미에 대한 올바른 이해, 기독교의 궁극적인 지향점에 대해서 분명하게 밝혀내는 일이 중요하다. 이러한 것이 정립되지 않다 보니까, 맘몬주의와 구복신앙, 교권주의가 무분별하게 한국 교회 안에서 들어와 그리스도의 복음을 대체해 버렸다. 이제 우리에게 주어진 중요한 과제는 한국 교회의 개혁이다. 이것은 우리가 2013년 WCC 총회 개최를 준비하면서 더욱 박차를 가해야 할 과제라고 본다.

1980년대와 90년대를 거쳐 한국 교회 안에 민중신학에 기초한 공동체 교회, 작은 교회로서 민중 선교를 통한 기독교 운동의 핵심으로 자리했던 민중교회의 경험은 대안교회론을 위한 중요한 참고자료가 될 수 있다. 필자도 인천에서 10년 동안 민중교회 운동에 참여했었는데, 민중교회의 경험을 돌이켜 볼 때 다양한 발전 경로를 거쳐 왔지만 전체적으로 민중교회들이 민중운동 단체나 센터로서의 역할을 하며 '신앙공동체'로서의 예배와 교육공동체로서의 역할을 제대로 담당하지 못하였던 것이 아닌가 평가한다. 현재의 민중교회들은 선교 중심적 교회로서 외국인 노동자 선교와 사회복지 선교의 센터로 자리 매김되고 있다. 물론 신자유주의 경쟁 사회에서 사회복지 선교는 절대적으로 필요하지만, 한편으로는 지방 정부, 중앙 정부의 인적, 물적 지원을 받게 되면서 도리어 정부의 사회복지 하위체계로 편입되는 측면도 있다. 또한 이를 통해 목회적 위상은 현저히 약화되어 대안적 교회운동으로서 위상이 상실되었다. 최근에 민중교회들이 현 사회적 문제에 대해 적극적으로 참여하지 못하고 있는 현실이 이와 무관하지 않을 것이다.

한편 교회 구성원의 변화도 주의 깊게 살펴볼 필요가 있다. 사실 민중교회론에서도 민중의 규정에 변화가 있었다. 예를 들어 1980년대에는 전통적 기층민중론(노동자, 도시빈민, 농민)으로 정리되다가, 1990년대 사회주의권 몰락과 문민정부 수립 이후 민중 개념이 다변화되었다. 여성, 외국인 노동자, 장애인 등의 사회적 약자에 대한 개념이 도입되었고 새로운 민중론이 전개되었다. 최근에는 권진관이 '다중론'을 제시했는데, 말하자면 기층 민중만이 아니라 다양한 사회계급 중의 새로운 사회와 신앙에 대한 의식이 있는 중간계층에 주목하게 되는 것이다. 실제로 민중교회의 구성원들도 서민과 민중계층보다는 중간 지식인층들이 다수를 이루고 있는 실정이다. 이런 면에서 다양한 중간

계층들이 새로운 신앙과 선교에 대한 관심을 가지고 형성할 수 있는 대중적인 교회공동체 운동이 새롭게 제기된다 하겠다. 이를 우리는 '생명평화교회'라고 칭할 수 있다.

'생명평화교회'와 연관하여 현재 매주 목요일 고난 현장을 찾아가 기도회를 여는 "촛불을 켜는 그리스도인 모임"에 열심히 참여하는 향린교회群과 새민족교회(예장통합), 청파교회(감리교) 등의 개혁적 중간계층 교회들과 사회참여적 복음주의 계통의 교회들을 주목할 필요가 있다. 이들과 함께 작은 교회의 연대체인 대안교회 운동들이나 예수살기의 교회들도 '생명평화교회'의 단초를 이루는 교회라 할 수 있다. 더구나 지난번 촛불시위와 목요기도회를 통해 향린교회의 건강한 성장은 고무적인 현상이며 강남향린교회의 분립 개척 또한 새로운 교회의 모델을 보여 주고 있다. 말하자면 교회 갱신과 사회 개혁을 열망하는 양심적인 중간 계층들로 이루어진 건강하고 의미 있는 기독교 공동체 교회론의 재구성이 필요하다.

'2010선언'을 기초로 '생명평화교회'로서 활동할 교회들을 모으는 작업도 중요하다. 희년실천운동을 전개하는 교회를 모으는 작업을 한 예를 참조할 수 있다. 선언문을 교회에서 교육 및 예배 자료로 활용할 수 있도록 구성하고 교회별로 자기 조건에 맞는 생명평화선언을 만들거나 교회 규칙을 만들어 실천하게 하는 작업도 중요하다.


### 3. "생명과 평화의 선교"를 위하여


이 시대의 '생명평화선교'는 대단히 포괄적이면서도 대중적인 실천을 담보할 수 있다. 말하자면 모든 피조물이 생명을 살리는 일을 통해서 죽임의 세력에 저항하는 '생명평화의 정치'에 참여한다는 의미에서 말이다. 그러기에 생명평화선교는 생명을 살리는 일이며, 이는 우리 사회의 민중과 약자를 보호하는 일과 나아가서, 다른 나라에서 온 외국인 노동자들을 비롯한 외국인들을 같은 동료요 친구로 받아들이는 일을 포함한다. 더 나아가서는 생태계의 생명을 살리는 일을 포함한다. 이것을 통하여 우리는 평화와 생명이 넘치는 한반도를 만들며, 나아가서 동북아와 아시아에 생명과 평화를 심어야 한다.

포스트모던 시대에 다민족 다종교 다문화의 이슈들에 대한 견해를 세워야 한다. 우리는 다문화 시대 혹은 다 문화의 글로벌 시대 속에서 문화적인 전통과 정체성을 귀하게 여기면서도 타 문화들의 공동체들과 함께 어우러져 살면서 다양한 문화들 속에서 문화적 코이노니아를 추구함으로써 '다문화공동체로 구성된 하나의 인류공동체'(the community of humankind of diverse cultural identities)를 구축해야 한다. 한 문화가 다른 문화 속에 침투하면서도, 하나의 문화가 다른 문화들을 자기 것으로 동질화하지 않고, 다양성을 뭉개서 제3의 무엇을 만드는 것이 아니라 다양성 속에서의 코이노니아를 추구하는 문화공동체를 성취해야 한다. 필자가 캐나다에서 공부하며 목회할 때 보니 미국의 이민정책은 다민족을 합치는 혼합정책(melting pot)이지만, 캐나다는 다민족의 자기정체성을 지키면서도 함께하는 다문화정책(레인보우rainbow 정책, multiculturalism)임을 보며 그것이 '다양성 속의 일치'의 좋은 예가 될 수 있을 것이라고 생각해 보았다.

생명평화선교의 방향과 내용을 위하여 현재 기독교 NGO들의 선교활동과 내용들을 정리해 내고 이를 생명평화선교의 내용으로 연계시키고 확대 재생산해 낸다. 목회자, 평신도, 여성, 환경, 평화선교 등으로 구분하면서 동시에 연결시킨다.

생명평화선교의 지역적 연대망과 해외 조직 연대망을 구축하는 것도 요긴한 일이다. 현재 지역에서 생명평화연대와 비슷한 조직을 수렴해 내고 해외에 생명평화선교를 확대한다. 아울러 아래에 기술하는 세계 에큐메니칼 운동과의 연계를 통한 선교적 과제를 설정해 나가는 작업이 필요하다.

## 세계 에큐메니칼운동과의 연대 – WCC 총회를 준비하여

한국 교회의 생명평화 기독교 운동을 위하여 2013년에 열리는 WCC 총회는 대단히 중요한 기회이자 도전이다. 지난달에 열린 NCC 신앙과 직제위원회 주최의 총회 주제에 관한 토론회를 통해 총회 주제는 "평화"로 대체로 귀결되고 있다고 한다. 그런데 앞에서 여러 번 지적했듯이 생명과 평화는 긴밀한 관계를 지니고 있으며 21세기는 생명과 위기, 평화의 위기로 집약된다. 한반도의 생명의 위기와 평화의 위기는 더욱 심각하다. 그런 면에서 WCC 총회에서의 주제를 "생명과 평화"로 모아 내고자 하는 한국 교회의 노력이 필요하다. 우리는 '4대강 순례 프로그램'과 에큐메니칼 선배들이 제안한 '한반도 평화열차프로그램'(유럽에서 시베리아 횡단열차를 타고 북한을 통해 남한으로 오는 평화열차, 현 정세상 어려움이 예상되는데 이때는 DMZ 순례프로그램)으로 생명과 평화의 지역적 이슈(local issue)를 부각시키면서 세계적 대응(global response)을 촉구할 수 있다. 아울러 총회의 준비 과정을 통해 생명평화 기독교 운동을 한국 교회 내에 확산시키는 좋은 계기로 삼아야 한다.

이번 총회를 준비하면서 한국 교회 내적으로는 서광선 교수가 제시한 대로 한국 교회의 분열의 역사를 치유하는 계기로 삼아야 한다.

고신파와의 화해(일제 청산 문제, 신사참배 회개 문제), 합동파와의 화해(에큐메니칼과 에반젤리칼의 대화와 정체성 문제), 기장과 예장의 화해(김재준 목사 이단 문제 청산), 종교다원주의 논쟁의 화해(감리교 변선환 박사의 명예 회복)를 통해 한국 에큐메니컬 운동의 폭을 넓혀 가며, 신학적 과제들을 대면해 나가야 한다.

한편 총회 준비는 또한 국제적으로는 세계 교회의 준비 과정과 호흡을 같이하며 깊이 관계해야 한다. 총회의 준비 과정에서 가장 중요한 대회가 2011년 5월에 자메이카 킹스턴에서 열리는 '국제 에큐메니컬 평화회의(International Ecumenical Peace Convocation, IEPC)'이다. 이 평화회의와 관련하여 WCC는 현재 "에큐메니칼 평화선언"을 준비하고 있는데 현재 2차 초안이 나와 있다. 이 선언에서 대체로 평화에 대한 네 방면의 입체적인 접근을 시도하고 있다. 첫째로 '공동체 안에서의 평화(Peace in the Community)'이다. 여기서는 인간 사회가 계급과 인종과 종교와 성으로 분열되어 있음을 지적하면서 우리가 포용적인 공동체들(inclusive communities)을 세우기 위해 일해야 한다고 말한다. 둘째로는 '지구와의 평화(Peace with the Earth)'이다. 여기서는 경제 성장 모델 및 화석 연료의 남용에 기초한 인간의 삶의 양식 때문에 기후 변화와 같은 전 지구적 생태적 위기가 도래했음을 지적하면서 평화를 이루기 위해서는 그 핵심적 원칙으로 '생태적 정의'가 추구되어야 한다고 말한다. 교회는 '생태교회' 혹은 '녹색교회'가 되어 이산화탄소 배출 절감을 위한 노력에 힘써야 한다고 강조한다. 셋째로, '장터에서의 평화(Peace in the Marketplace)'이다. 여기서는 현재 전 지구적으로 벌어지고 있는 극심한 빈부 격차와 양극화를 문제를 지목하면서 시장 지향적인 경제 자유화 정책의 실효성에 의문을 던진다. 그리고 이제 우리가 '생명의 경제'로 나아가야 한다고 강조한다. 이 주제는

WCC가 〈AGAPE문서〉 채택 이후 그 후속 작업으로 벌이고 있는 '가난, 부, 그리고 생태(Poverty, Wealth and Ecology, PWE)' 프로그램과 결합할 가능성이 크다. 마지막 넷째로 '민족들 사이의 평화(Peace among the Peoples)'이다. 여기서는 외국인 혐오증, 공동체 간의 폭력, 증오 범죄, 노예제, 대량 학살 등의 문제가 평화를 위협해 왔음을 상기시키면서 오늘과 생명과 생명의 기초를 송두리째 파괴할 수 있는 핵무기, 즉 대량 살상 무기의 확산과 기후 변화, 즉 '대량 멸종의 라이프스타일의 확산', 이 두 가지가 평화에 대한 가장 큰 위협이 되고 있음을 지적하고 있다.

이러한 평화에 대한 에큐메니칼 교회의 접근은 한국 에큐메니칼 운동이 진력해 온 인권과 민주화, 한반도의 평화와 통일 문제뿐만 아니라 '2010선언'이 제기하는 생명과 평화의 위기를 아우를 수 있는 접근이 될 것이다. 나아가 전 지구적 생명 위기의 무게를 감안한다면 '생명'과 '평화'를 차기 WCC 부산총회의 주제어로 제기해 앞으로 10년간은 세계 에큐메니컬 운동의 핵심 의제로 추진해 나갈 수 있을 것이다.

생명과 평화를 여는 기독교 운동을 위한 조직—가칭 〈생명과 평화를 여는 기독교 연대〉(이하 〈생평기독교연대〉)를 제안하며

이러한 생명과 평화의 기독교 운동을 전개히기 위한 효율적인 틀이 필요하다. 하지만 에큐메니칼 운동과 선교를 해 나가기 위한 다양한 조직과 연대의 틀들이 이미 활동하고 있는 상황에서 또 다른 조직을 만드는 것은 부담이거나 비효율적이 될 수 있다. 그러나 이러한 조직들이 각개 약진하거나 고립분산적으로 활동하며 나타나는 문제도 적지 않다. 운동의 구심점이랄까 담론을 형성하고 신학(신학자)과 교회(목회자) 그리고 기독사회운동(활동가)을 유기적으로 연결할 수 있는

네트워크는 절실한 상황이다. 그런 면에서 가칭 〈생평기독교연대〉는 담론 형성과 네트워크를 구성할 수 있는 적절한 틀이 될 수 있다. 2010 선언의 신앙고백과 생평의 신학으로 생평교회를 통해 생평선교를 전개해 가는 운동체로서 말이다. 비유컨대 〈바르멘 신학선언〉으로 고백교회를 형성하고 히틀러에 대한 저항운동이나 국가 교회에 대한 대안을 세워 나갔던 2차 대전 후 독일의 예나, 1970년대에 민중신학을 배경으로 도시농어촌선교(Urban Rural Mission, URM) 즉 도시산업선교와 도시빈민선교, 농촌선교를 활발히 전개해 왔으며, 1980~90년대 민중교회 운동을 일으켰던 한국 교회의 예를 통해 알 수 있듯이 말이다.

〈생평기독교연대〉는 신학과 교회 그리고 기독교 사회운동 세 부문을 기초로 다양한 조직들이 자신들의 활동들을 기초로 하며 틀을 유지하면서 느슨한 연대를 형성하는 형태로 참여할 수 있을 것이다. 그리고 급속하게 조직적 틀을 형성하는 것보다는 점차적으로 같이 연대활동을 통해 공감대를 형성하고 일해 나갈 수 있을 것이다. 그런 면에서 과도기적으로 지난 5월 모임에서 제안되었던 〈2010신앙선언 선언위원회〉의 확대 구성을 통해 선언의 확대와 생명과 평화의 기독교 운동을 전개해 나갈 수 있다. 선언위원회는 약간 명의 고문과 자문위원을 두고 실질적으로 선언위원회를 이끌어 갈 실행위원회를 구성하여 집행해 나갈 수 있다. 또한 영역별 위원회(신학위원회, 교회위원회, 사회위원회)를 구성하며, 실행위원회는 1차 선언문 실행위원 7명과 영역별(신학, 교회, 사회 각 3명) 실행위원 9명 등 16명의 실행위원들이 이끌어 가도록 하며 진행해 간다. 실행위원장 1인 부위원장 3인을 둔다.

선언의 확대를 위하여 한국기독교교회협의회 등 각 교단 및 단위에서 〈2010 선언〉을 받아 재해석하여 다시 선언하며, 우선적으로 2010

년 종교개혁주일이나 성탄절에 2차 선언을 한다. 또한 영문으로 번역하여 세계 교회와 공유하며, WCC 부산총회의 주제와 선언으로 발전시켜 나간다.


## 나가며 - 구체적 토의와 실천을 위하여


앞에서도 제기했듯이 이 시대의 화두요 복음의 핵심은 '생명과 평화'이다. 생명과 평화의 복음운동을 위해 '2010선언'은 기본적 신앙고백이자 출발점이 될 것이다. 이 선언을 제2의 종교개혁운동으로 한국 교회에 확산하며 생명과 평화의 복음을 널리 전파해 가야 하며 한국 교회의 물꼬를 바꿔 나가야 한다. 아울러 이 운동의 체계적 확산을 위해 '생명과 평화의 기독교 운동'을 제창했다. 이 운동은 '생명평화신학,' '생명평화교회' 그리고 '생명평화선교'로 집약된다. 무엇보다도 '생명과 평화의 기독교 운동'이 한국 교회를 위한 대안적 운동이 될 수 있을 것인가에 대한 격의 없는 토론이 필요하다.

아울러 이를 조직적으로 추진해 가기 위한 '생평기독교연대'에 대한 조직적 전망과 위상에 대해 면밀한 토의가 필요하다. '생평기독교연대'가 옥상옥의 조직이나 또 하나의 연대체가 되는 우(愚)를 범하지 않고, 기독교 운동의 조직적 구심체로서 세워질 수 있겠는가 하는 것이다.

과도기적으로 설정된 '선언위원회'와 3실행위원회(신학, 교회, 사회)의 활동 방향과 사역에 대한 논의도 필요하다. 지난 1차 선언 모임에서 양재성 목사가 제안했던 것을 참고하여 각 위원회의 논의와 이를 통한 소통과 연대가 필요하다.

현재 진보적 교회와 에큐메니칼 운동을 위한 담론 형성과 소통 그리고 구심적 질서의 형성은 우리의 절실한 과제이다. 이를 위해 여기에 참여한 우리가 먼저 길을 내자. 우리가 걷고 있는 길도 처음엔 길이 아니었다. 하지만 누군가가 먼저 걷고 이어서 따라 걷다 보면 길이 된다. 선언자들이 먼저 선언한 것을 실천하여 생명평화의 길을 걷다 보면 한 번도 가보지 않은 새로운 길이 생겨 우리와 한국 교회, 세상을 구원할 것이다. 기쁨으로 동행하는 우리 모두가 되자.

# "생명과 평화의 기독교 운동을 위하여"를 읽고

최상석 신부(성공회)

먼저 발제자님의 소중한 발제에 감사드립니다. 발제자의 논문은 이 시대 한국 사회의 화두요 복음의 핵심은 '생명과 평화'에 있다는 신앙적 성찰과 지난 부활절에 발표된 〈생명과 평화를 여는 2010 한국 그리스도인 선언〉(이하 '2010선언')에 근거하고 있습니다. 이 신앙선언은 한국 교회의 신학자들과 목회자들의 자발적인 활동과 신학적 작업을 통하여 나온 것으로 갑자기 불연속적으로 나온 것이 아니라 〈1973 한국 그리스도인 신앙선언〉과 1988년 〈민족의 통일과 평화에 대한 한국기독교회선언〉 등에서 보듯이 예수 그리스도를 따라 악의 세력에 저항하고 민족의 고난과 희망에 참여하여 왔던 한국 교회의 역사적 전통으로부터 나온 것입니다.

'2010선언'은 오늘날 전 지구와 우리 사회에서 보듯이 생명의 가치가 무참하게 짓밟히고 평화의 원리가 외면당하는 위기의 시대에 무기력하게 자기 확대에만 골몰하는 한국 교회의 개혁과 새로운 운동을 위한 선언입니다.  이 선언은 비록 자발적이고 비공식적 차원에서 이루어졌지만, 1천여 명의 기독교 목회자와 학자들을 비롯하여 기독교 신앙인들이 참여하였고, 해외의 한국 기독교인들도 함께 호응한 선언으로 한국 교회의 개혁과 새로운 운동을 향한 한국 기독교 신앙인들의 열망을 충실하게 담고 있습니다.

여기서는 본 논문에서 제시한 김영철 님의 생명과 평화의 복음운동을 향한 열정적 제안과 '2010선언'의 내용에 전적으로 동감하면서, 교회의 현장에서 일반 목회를 담당한 목회자의 입장에서 느낀 점을 한두 가지 덧붙이려 합니다.

먼저 교회는 역사와 사회 속에서 정직한 자기 성찰의 토대 위에 자리해야 한다는 입장에 동의합니다. 김영철 님은 교회의 위기에 대하여 소상하게 밝히고 있습니다. 교회 성장지상주의, 진리에 입각한 학문적 자세보다 근본주의에 천착하는 신학적 경향, 일부 보수 교회의 친미 반공주의적 태도, 신자유주의에 대한 무분별한 수용과 지지, 현세의 축복과 내세의 구원에 대한 강조, 공동체 혹은 사회 구원에 대한 경시와 개인주의 혹은 개인의 영성에 대한 관심, 일부 교단의 교권주의, 선교 본래의 정신을 벗어난 제국주의 선교 등등 한국에 만연한 교회의 위기 현상들을 제시하고 있습니다. 심지어 이러한 한국 교회의 위기가 외부에서 기인한다기보다, 오히려 한국 교회 그 자체가 한국 교회와 한국 사회의 위기 제공처가 되고 있다 진단합니다. 결국 이러한 한국 교회의 여러 위기에 대한 진지한 자기 성찰 없는 한국 교회의 활동은 곧 교회의 일방적 보수화를 가져오고, 교회 역시 대형 교회와 소형 교회 간에 심각한 양극화가 진행될 것이고, 끝내 한국 기독교는 한국 사회 안에서 종교로서의 존재감마저 상실하게 될 것이라고 논자는 우려합니다.

논자의 비판적 자기 성찰은 보수와 진보 양측을 아우르고 있다기보다는 주로 논자가 자리매김하고 있는 진보적 교회와 에큐메니칼 진영의 입장에서 이루어지고 있습니다. 논자는 진보적 신학과 에큐메니칼 운동에 근거한 교회들이 한국 사회의 사회 변혁 과정의 역사 속에서 일정한 기여를 했음에도, 왜 정작 교회에서는 기반을 상실하고 왜소화되고 점차 대내외적 영향력을 상실해 가고 있는가를 묻습니다. 발제자는 그 원인을 자기 이해, 즉 자신이 한국 사회에서 보여 준 내용과 형식에서 찾고 있습니다.

발제자는 진보진영 교회의 왜소화 원인을 한국 사회의 사회 변혁 과정에서 정치 세력과 연대하는 중에 일어난 형식의 오류에서 찾고 있습니다. 그렇다고 이것이 곧 교회가 정치 세력과 연대하는 그 자체를 부정적으로 보는 것을 의미하지는 않습니다. 그러나 교회가 정치 세력의 과정에 파묻혀 교회의 본질을 살려내는 데 소홀했었음을 지적하고 있습니다. 즉 사회 세력과의 연대 과정에서 오는 형식적 오류를 지적하고 있습니다.

다음으로 목회적 실천과 열정의 부족에서 원인을 찾고 있습니다. 발제자는 교회의 왜소화를 극복하는 길로 끊임없이 교회를 개혁하고 목회적 개발을 위하여 지속적인 관심을 갖고 있는 복음주의적 사회선교 그룹의 교회들과 개혁적 중간계층의 교회에서 찾고 있습니다. 그러나 이 두 진영 즉 복음주의적 사회선교 그룹과 개혁적 중간계층의 교회들에 대한 구체적인 개념적 구분이 없어서 조금 아쉬웠습니다. 왜냐하면 한국 교회의 생명평화운동이 한국 교회와 한국 사회에서 강력하게 영향을 주려면 생명평화의 신학을 담아 낼 교회의 '생명평화목회론'과 '생명평화교역론'의 모델이 매우 중요하기 때문입니다.

발제자는 교회의 기반을 무시한, 교회에서 조차 영향력을 상실한 교회의 사회 변혁 운동에 대하여 비판적 성찰을 하면서 '내용'을 묻고 있습니다. 한국 교회의 변혁을 이끌어 갈 신학적 내용에 대한 새로운 정리가 있어야 한다는 것입니다. 이는 '교회론'에 대한 바른 이해 없이 교회 개혁이 가능한가에 대하여 그리고 '교회공동체'에 대한 바른 이해 없이 진정한 기독교의 사회운동이 가능한가에 대한 질문이기도 합니다. 이는 결국 한국 교회가 이 시대 한국 교회와 생명과 평화가 위기를 맞이한 우리 사회를 살리기 위해서는 '교회공동체'와 '교회론'에 대한 철저한 재해석과 '복음'에 대한 깊은 묵상과 신학적 성찰 그리고 내적 확신이라는 진지한 '자기 이해'에서 출발해야 함을 말하고 있습니다.

특별히 '생명평화신학'을 '한국적 신학'으로 발전시킨다는 데 동의합니다. 그러한 면에서 생태신학적 입장에서 기독교의 구원론, 창조론, 교회론 등 조직신학 일반이 다시 기술되고, 한국인의 얼에 담긴 생명사상을 담은 생명신학이 속히 정리되어야 한다고 봅니다. 논자는 한국의 생명평화사상으로 유영모와 함석헌의 씨알사상을 예로 들었는데 저는 더 위로 올라가 한국의 한 사상이나 신라 말기 최치원이 고대의 한국 생명사상을 풍류도로 규정하면서 언급한 현묘지도(玄妙之道)와 접화군생(接化群生)의 생명사상이나, 고려 중엽 이규보가 그의 문학을 통하여 내보인 만물일류(萬物一類)의 생명사상, 18세기 조선의 실학 사상가였던 홍대용이 생물평등사상(生物平等思想) 등도 한국의 생명평화사상으로 발전시켜야 한다고 봅니다. 이는 생명평화를 지향하는 신학의 회복과 재발견이 있을 때 한국 교회의 생명평화 운동이 공고하게 뿌리내리게 됨을 의미합니다.


끝으로 발제가 제안한 '생명과 평화의 기독교 운동'을 조직 구성과 운영에 대한 생각입니다. 김영철 님은 생명과 평화의 기독교 운동 제안하며 운동의 연대성 제고와 이를 바탕으로 운동의 효율적 추진을 위하여 틀을 제시하였습니다. 그러나 전체 내용에 비하여 조금 구체성이 떨어지는 느낌입니다. 물론 이는 이번 발제문이 구체적인 조직 구성에 있지 않기에 그럴 수도 있지만, 전체적으로 보아 부족하다는 인상을 받습니다.

그러나 발제자가 제시하는 조직의 틀은 형식과 함께 내용을 균형 있게 아우르고 있습니다. 비록 조직의 구체성은 부족하지만, 진부한 조직을 조직 구성이 아니라 조직의 질적 풍성함을 제시하고 있습니다. 다시 말해 여러 조직의 개체 단위들에 대한 통폐합이나 조직적 연대를 이끌어 내는 단순한 기구적 차원이나 형식적 차원의 네트워크가 아니라, 운동의 구심점을 이루고 있는 신학 그룹(신학자), 교회(목회자), 기독교 사회운동사(활동가)를 함께 엮어 내는 내용적 차원을 지닌 네크워크의 필요성을 제안하고 있습니다. 형식과 내용이 함께 담여 있을 때 그 네트워크는 담론을 형성하고, 담론을 실천으로 살아 내고, 다시 담론에 대한 재성찰을 통하여 새로운 운동을 제시하는 유기적 네트워크가 될 수 있습니다.

발제자는 생명과 평화의 기독교 운동을 위하여 신학, 교회 그리고 기독교 사회운동 세 부문을 담은 다양한 조직들이 함께 참여하여, 점차적으로 느슨한 연대를 통하여 공고한 체제로 만들어 갈 것을 제안하고 있습니다. 느슨한 연대라고 할 때 '느슨함'의 의미에 대한 더 분명한 설명이 있었으면 좋았다는 생각을 합니다. 발제자는 조직이 점차 확대되어 한국기독교교회협의회, 각 교단, 나아가 한국 교회와 세계 교회 그리고 2013년 WCC 부산총회의 주제 선언으로 이어짐을 목표로 하고 있다고 밝히고 있습니다. 그러나 느슨한 연대 조직으로 지금까지 한국 교회의 조직의 형성과 협력의 실질적 현실을 볼 때 매우 어려우리라고 예측되는 조직들 사이에서 담론의 형성과 조직의 확대와 성장을 이루어 내는 과제를 담아낼지에 대한 구체성이 요구되고 있습니다.

생명평화 운동을 위한 조직이 필요하다는 당위성은 충분히 제시하고 있지만, 조직을 구성하는 구체성은 매우 약하게 제시되어 있습니다. 어쩌면 그것은 오늘 이 자리에 모인 우리 모두의 몫이 될 수 있습니다. 당위성만 있고 구체성 없는 조직은 허약합니다. 조직이 구체성을 갖추기 위해서는 많은 것이 필요합니다. 아직도 교회 성장이나 교회의 보수화에 치우쳐 생명과 평화의 사역을 한국 교회의 사명으로 체감하지 못하는 많은 교회들을 어떻게 설득하고 동참하게 해야 할지에 대하여 구체적인 지혜가 필요합니다. 생명평화 운동이라는 거대한 담론 아래 대동으로 하나 되는 데 심각한 장애가 되는 개교회주의에서 오는 병폐들이나 교파 중심주의 혹은 교단 중심주의를 어떻게 극복하는지에 대한 언급이 있었으면 하는 생각이 들었습니다.

분명한 것은 조직의 구체성은 오늘 이 시대에 대한 한국 교회의 자기 성찰, 생명과 평화의 길에 대한 성서적 이해와 신앙적 확신, 그리고 함께 연대하여 예수 그리스도를 따라 새로운 길을 가겠다는 열정과 자기희생으로 뿌리 내릴 것입니다.

끝으로 소중한 논문으로 이 시대 한국 교회와 목회자의 지향점을 제시해 주신 김영철 목사님에게 감사드립니다.

# "생명과 평화의 기독교 운동을 위하여"에 대한 논평

정진우 목사(서울제일교회)

1. 발제는 크게 보아 우리 사회와 교회의 현실 진단, 그에 대한 비판
적 성찰 그리고 새로운 운동과 관련된 제안 등의 크게 세부분으로 구성
되어 있다. 위기의 한국 사회와 교회를 향한 발제자의 깊은 고민과
이를 극복하기 위한 성실한 노력에 감사를 드린다.

2. 모든 주제가 하나하나 깊은 논의를 필요로 하는 것들이어서 쉽게
접근하기 어려운 점이 있음을 전제하면서 활발한 토론을 위해 논찬자
로서 몇 가지 점을 지적하려고 한다.

2-1. 새로운 운동의 주제로서 생명과 평화라는 말이 또 하나의 구호
처럼 들리는 진부함이 느껴진다. 과연 우리 시대의 문제가 이런 늘
들어 온 구호로 해결될 수 있는 것일까? 게다가 논의의 출발점이 시대
의 징조로써 위기를 말하는 어법도 더는 호소력을 가지지 어려운 측면

이 있다. 생명과 평화가 위협받는 시대로서 오늘을 말하는 것은 지나치게 단순하고 논리적이다. 뒤집어서 보면 생명과 평화가 위협받지 않는 시대가 언제 있었던가? 새로운 운동이 시대의 징표를 읽어야 한다는 데 동의하더라도 이명박 정권에 대한 비판과 신자유주의나 강대국의 패권주의 문제로부터 시작되는 것은 절제되어야 한다. 그것은 너무 쉽고 관성적이다.

새로운 기독교 운동이 지향해야 하는 것은 세상의 구호를 반복하고 따라가는 것이 아니라 이 시대의 징조를 읽고 "세상의 소금과 빛, 산 위의 마을로 우뚝 서는 것"이라고 한다면 새로운 논리 구성이 필요하다. 이번 지방 선거에서 봤듯이 이미 우리 국민과 기독교 대중들의 인식은 그렇게 저급하거나 도식적이지 않다.

다소 거칠게 말할 수밖에 없는 논찬자의 처지에서 보면 길게는 1987년 이후, 짧게는 1997년 이후 한국 사회는 구호로 운동하던 시대는 끝났다고 생각한다. 그리고 진짜 극복해야 할 '적'도 이제는 더 이상 밖에만 있는 것이 아니다.

그 점에서 지금의 문제는 생명과 평화가 위협받고 있다는 인식의 부족이 아니라 그 생명과 평화를 위한 대안적 가치를 제시하는 것이어야 한다. "나는 평화를 위해 이 일을 한다. 우리는 생명을 위해 이렇게 산다." 하는 것을 보여 주지 않으면 누구도 그 '언어'에 감응하지 않는 시대 역설적으로 더 영악하고 패역한 시대가 되었는지도 모르겠다.


2-2. 한국 교회의 위기의 현상을 지적하는 대목에서도 지나치게 보수화의 현상에 주목함으로써 두 가지 중요한 핵심이 가려지고 있다는 안타까움이 있다. 하나는 보수화보다 더 큰 문제점인 보수의 반동적 능동화이고 또 다른 하나는 한국 교회의 위기가 가지고 있는 또

다른 측면으로서의 기회의 가능성이다.

왜 조용하던 보수주의가 오늘 같은 능동적 운동으로 나타나게 되었는지, 왜 상대적으로 교회협을 중심으로 한 에큐메니칼 운동이 퇴조하게 되었는지에 대한 좀 더 정밀한 분석을 통해서 오늘의 위기의 실체와 그 대응 방법이 새롭게 도출 될 수 있는 것이 아닐까? 여기에는 변화된 한국 사회의 요인이 분석되어야 하고, 교회 내적으로는 에큐메니칼 운동의 퇴조를 가져온 여러 요인들, 예컨대 에큐메니칼 운동과 에큐메니칼 정치의 관계, 교단 중심주의의 문제, 에큐메니칼 운동의 도덕성과 지도력 상실의 문제 등이 함께 언급되어야 할 것이다.

또한 오늘의 한국 교회의 현상은 충분히 한번 죽고 다시 날 수 있는 가능성을 잉태하고 있고 이는 한국 교회의 새로운 가능성을 시사하는 점일 것이다. 문제는 이를 주체적으로 이룩해 낼 또 다른 기독교인들의 주체적 노력과 준비일 것이다. 이를 위해 역사적으로 대안교회 운동으로서의 민중교회 운동의 한계는 무엇이었고 가능성은 어디에 남아 있는지 그리고 오늘의 새로운 상황 속에서 그 창조적 계승의 길과 또 다른 대안교회의 길은 어디에 있는지, 에큐메니칼 운동의 대안적 모색으로서의 새로운 에큐메니칼 조직의 가능성 등도 새롭게 검토하고 모색해야 할 것이다.


2-3. 에큐메니칼 운동의 비판적 성찰에서 네 가지 문제점과 그에 대한 대안적 가능성을 언급하고 있다.

하나님 선교신학과 정치 참여 문제에서 그것 자체가 문제였다기보다는 그 문제를 계승 심화 발전시키지 못한 점이 지적되어야 한다. 노무현 전 대통령의 죽음으로 그에 대한 추모의 열기가 높이 일었음에도 불구하고 우리는 이 점에서 온 국민과 더불어 더 깊은 숙고가 필요

한 시점이다. 우리가 어디까지 비판하고 어디까지 협력해야 하는지에
대한 더 깊은 성찰 없이 정치 참여 자체를 죄악시하는 것은 문제를
남의 탓으로 돌리는 무책임하고 비겁한 태도이다.

　발제자의 네 가지 주장에 더하여 한국 교회의 뿌리 깊은 교단주의의
문제, 에큐메니칼 운동의 자기 혁신의 능력과 안일주의, 한국 사회의
변화에 따른 목회자의 보수화와 관료화 등의 문제 등이 검토될 수 있다
면 훨씬 풍부한 논의가 가능할 수 있지 않을까 하는 질문이 있다.


　2-4. 새로운 운동과 관련해서 또 하나의 옥상옥을 만들게 되리라는
우려와 주저함이 있다. 지금 기독교 운동이 일정 정도 자기의 자리에
서 성과를 내고 그 성과를 바탕으로 다음 단계로 나아가는 과정이 생략
된다면 새로운 운동은 또 한번의 벽을 만나게 될 가능성이 농후하다.
그런 점에서 '2010선언' 운동은 조직적 운동체로의 발전보다는 선언
운동으로서의 한시적 운동으로 지속되고 좀 더 다양한 소통의 구조로
작동함으로써 새로운 조직적 발전의 기초를 제공하는 것이 한층 효과
적이지 않을까 생각된다.


　2-5. 현재의 상황과 구조에서 WCC총회를 언급하는 것은 특별한
의미를 가지기 어렵다고 생각된다. 이미 교단 구조로 되어 있는 교회
협의 현실 속에서 바닥 운동이 그렇지 않아도 버거운 다양한 일들에
부하가 걸려 있는 상태에서 격에도 잘 맞지 않은 또 하나의 주제를
끌어들여서 얻을 수 있는 것은 별로 없어 보인다. 오히려 지금은 바닥
의 건강한 운동이 자신의 역량을 현실적 위기의 대응과 자기 정비라는
일에 조금 더 집중해야 할 시기가 아닐까 싶다.

3. 한국 사회와 교회는 여러 가지 문제를 안고 있지만 동시에 다양한 가능성을 지니고 있다. 지난 우리의 역사가 웅변적으로 이 점을 보여 준다. 교회가 함께 씨름해 온 한국 현대사는 대단히 복잡하고 다양한 요소를 담고 여기까지 왔다. 우리 현대사는 늘 새로운 사건의 연속이었고 예기지 못한 수많은 변수들로 다이내믹하게 변화해 왔다. 이러한 변화들을 신앙의 독법으로 새롭게 읽어 내는 노력들 속에서 기독교 운동은 새로운 도약과 변화를 경험하게 될 것이고 이를 통해 역사에 대한 창조적 봉사가 가능할 것이다.

# 제2부

## 생명평화 심포지엄:
## 한국 교회와 종교개혁

# '오직 신앙만으로'의 내용은 생명평화

권진관 교수(성공회대학교)

## 몇 가지 관점

본 연구자는 생태환경 문제와 한반도에서의 평화의 문제에 대한 이 글의 관점들을 나열하는 것으로 논의를 시작하려고 한다. 이 관점들은 본론에서 다시 토론되고 검증될 것이다.

1) 생명은 항상 정치 경제적 구조와 연결된다. 생명은 개인적인 관점에서만 말해지는 것이 아니라, 사회 집단의 불평등과 가난과의 연관성 속에서도 말해져야 한다. 또한 생명의 문제는 인간과 자연과의 화해의 문제이다. 여기에서 인간은 인간 사회를 가리킨다. 자연은 자기의 생명을 지킬 뿐 아니라 발전하기 위해 진화도 하고, 지진도 일으키고, 해일도 일으킨다. 인간과 자연의 화해를 가장 잘 나타내고 있는 텍스트는 이사야 32장 15-18절이다.

2) 생태 생명의 문제와 인간 사회의 정의와 평화의 문제가 서로 유기적으로 연결되므로 그것을 연결할 수 있는 "생명평화"라고 하는 새로운 개념이 필요하다. 이렇게 자연 세계와 인간 세계 사이의 화해를 위해서 생명평화라고 하는 중첩된 개념이 필요하다. 양쪽의 화해를 위해서는 자연계에서는 생명, 인간 세계에서는 생명과 평화가 동시에 추구되어야 한다. 어느 한쪽만을 취하면 인간의 생명과 자연의 생명은 함께 파괴된다. 인간 세계에서는 생명과 평화가 동시에 추구되어야 한다. 인간 삶의 모든 영역에 생명과 무관한 것이 없다. 그런 의미에서 오늘날의 정치권력을 생명(정치)권력(biopower), 노동을 생명(정치)노동(biopolitical labor) 등으로 재정립하자는 의견이 있다.* 그리고 인간 세계에서 생명이 활성화되기 위해서는 의로운 평화가 확립되어 있어야 한다.

3) 우리나라 환경생태의 심각성은 다음에서 잘 드러난다. 한국은 미국 예일 대학과 콜롬비아 대학 공동 연구진이 세계 경제 포럼(WEF, 다보스포럼)에서 발표한 2010 환경성과지수(EPI)에서 전 세계 163개국 중 94위를 기록했다. OECD 30개 국가 중에서 30위였다. 2008년 같은 조사에서 51위를 차지했던 한국은 2년 새 43계단이나 추락했으며, 중국(121위)과 인도(134위)를 제외하고는 주요국 중 사실상 꼴찌를 기록했다. 며칠 전에는 서울의 미세 먼지 등 대기 오염 지수가 뉴욕, 파리, 런던, 동경 등 주요 도시보다 두 배 내지 세 배가 높다는 보도가 나왔다.

---

* 이 점에 대해서는 Michael Hardt and Antonio Negri, *Multitude: War and Democracy in the Age of Empire* (New York, NY: Penguin Books, 2004).

4) 우리는 유럽의 경험 즉 정치와 환경(생태 생명)을 연결시키는 경험에서 배워야 할 것이다. 우리나라도 국가적, 정치적으로 환경문제를 접근해야 할 것이지만, 동시에 지역에서 생명평화 마을 만들기 운동을 전개하여 함께해 나가야 한다.

그러나 현재의 정부는 환경정책을 시장(market)에 맡기고, 시장을 매개로 한 국가적 환경정책을 시행하고 있다. 그리하여, "녹색성장"이라고 하는 시장주의적 이념을 가지고 시장과 기업의 입장에서 생태 생명 문제를 접근하고 있다. 그 결과, 환경부 자체가 환경 파괴(4대강 사업에서 보듯이)를 눈감아 주거나, 옹호하는 직무 유기를 범하고 있다. 생태 생명 문제는 시장주의적 방식이 아니라, 좀 더 정치적, 정책적, 구조적, 장기적인 차원에서 지속적으로 접근해 들어가야 한다.

오늘날 이명박 정부의 정책은 시장 위주의 정책 즉, 시장에 의한 조절, 산업과의 연계로 산업과 경제가 발전하면서 동시에 그린(Green) 상태도 유지하겠다는 것인데, 이 두 가지의 종합, 조화가 가능치 않다는 것이 문제이다. 경제 성장률과 생명 생태의 질이 같이 갈 수 없다는 것을 보다 절실하게 깨달아야 한다. 개발에 의해 생기는 자연 파괴, 공기 오염, 수질 오염은 삶의 질을 낮추고, 발병률을 높이며, 생명을 파괴한다.

결국 집단적이고 국가적, 정부적으로, 시민사회적으로, 그리고 지역적으로 사회적, 정치적 합의와 그것의 집행력을 확보해야 한다. 환경문제에 대해 국가정치적이면서 정책적 접근이 필요하다. 동시에 민간운동으로서의 녹색 마을 만들기 운동도 병행해야 한다. 그런 면에서 유럽의 실험에 주목해야 한다. 특히 환경성과지수가 좋은 아이슬란드, 덴마크, 노르웨이, 스위스 등 유럽 국가들의 노력을 중시해야 한다. 제레미 리프킨은 "EU는 지구 환경에 대한 인류의 책임을 정치적 비전의 핵심으로 강조한 사상 최초의 통치 체제"라고 했는데, 타당성 있는 언급이다.* 기존의 국가는 물질적인 부를 추구하기 위해 자연 보존에 대해서는 무관심한 것이 대부분이다. JPIC 즉 정의·평화·창조세계의 보전이라는 세계 교회의 비전은 전통적인 국가의 역할에 대해서 재고할 것을 요청하고 있다. 즉 경제 성장보다는 생명을 보존하고, 자연과 더불어 잘 사는 것이 더 중요하다고 하는 새로운 각성이며, 이것은 인류의 진로를 바꿔 주는 새로운 사고방식이며 새로운 삶의 패턴을 가져다준다. 유럽 특히 덴마크 등 북유럽은 유기 농법이 성하고 있으며 생물의 다양성, 생태계 보존을 위해 민관이 힘을 합해 노력을 기울이고 있다. 이러한 계획적인 환경 보존은 우리나라에도 도입되어야 한다.

## 5) 정의와 생명의 문제

원폭 투하의 사건을 놓고 정의의 문제를 따져야 한다. 나는 이 글을 준비하면서 〈BBC Knowledge〉 채널에서 방송된 "히로시마"라는 2차 세계 대전 마지막 즈음에 히로시마에 핵폭탄 투하한 것에 대한 다큐멘터리를 보았다. 수만 명이 죽고, 수많은 사람들이 방사능 오염으로 피부, 눈, 머리카락을 잃는 것을 보면서 전쟁과 핵폭탄이 갖는 엄청난 재앙과 그것을 일으키고 나서 성공을 환호했던 미국과 그것을 부추긴 여러 세력, 그리고 그것을 불러일으켰던 일본 군부의 무모함과 권력과 승리를 향한 야욕에 몸서리쳤다.

무엇이 진정한 정의인가? 일본이 전쟁을 일으켰다고 일본에 원폭을

---

* Jeremy Rifkin, *The European Dream: How Europe's Vision of the Future Is Quitely Eclipsing the American Dream* (New York: Tarcher/Penguin, 2004), 이원기 역, 《유러피언 드림》 (민음사, 2005), 418.

투하한 것이 정의인가? 여기에서 정의의 모호함과 생명과 평화의 절대적 필요성이 부각된다. 그러므로 원폭 투하의 이유를 정의로 옹호한다면 정의 자체가 부정되는 모순에 빠진다. 그만큼 원폭 투하는 정의의 계산을 넘어선다. 생명을 지킴은 정의를 넘어선다. 그렇기 때문에 우리는 사형 집행도 반대하며, 원폭은 어떠한 이유에서도 반대한다. 생태환경의 지킴과 보전은 정의를 넘어선다. 생명과 평화는 물론 정의에 기초해야 한다. 그러나 궁극적으로 생명과 평화가 더 근본적인 기준으로 이해되어야 한다. 북한의 지도부를 정의에 기초하여 재단한다면 그것은 전쟁의 재앙을 불러일으킬 수 있으므로 이러한 상황에서 정의의 관점에서만 접근한다면 잘못이 될 수 있다. 북한의 인권 문제를 논의하는 것도 정의의 문제이다. 북한의 인권이 유린되고 있는 것은 분명 불의한 일이다. 그러나 이 정의가 기틀이 되어 더 큰 불의, 즉, 전쟁과 대량의 기아 등 죽음을 불러올 수 있다.

우리는 다만 2000년, 2007년에 있었던 두 번의 정상회담에서 확인한 점진적인 통일과 상호교류, 그리고 종전과 평화협정을 향해서 묵묵히 걸어 나가야 한다. 이것을 무시한다는 것은 전쟁과 분단 고착의 가능성만을 높일 뿐이다.

### 6) 기독교는 부활의 종교, 생명의 종교이다.

"나는 길이요, 진리요, 생명"(요한 14:6)이라는 말씀에서 이것이 부각되며, 다시 바울의 사상에서 복음의 진정한 메시지는 생명과 평화임을 확인할 수 있다. 오늘날 가장 중요한 메시지를 바울 서신에서 뽑으라고 하면, 로마서 8장 6절이라고 본다. "육신에 속한 생각은 죽음입니다. 그러나 성령에 속한 생각은 생명과 평화입니다." 그리고 로마서 8장 전체가 로마 복음서의 핵심이자, 기독교 복음 전체의 핵심이 아닌가 생각한다. 로마서 8장의 전체적인 주제는 성령은 생명을 주신다는 것이다. 믿음은 인간과 자연 사이의 화해와 평화를 일으키는 것이며, 동시에 인간과 인간 사이의 화해와 평화를 일으키는 것이다. 믿음은 곧 생명과 평화요, 그것은 구체적으로 전쟁 방지와 핵 방지이며, 나아가서는 평화체제를 구축하는 것이다.

## 지배 권력에 의한 평화(안전, security)로부터 정의로운 평화로의 전환

북한의 핵무기의 문제는 정의와 평화의 문제와 관련되어 있다. 핵무기의 소지는 불의한 것이다. 다음의 두세 가지의 이유로 그 이유를 정리할 수 있다. 1) 대량 살상 무기는 한반도와 같이 긴장이 고조된 곳에서는 그것이 쓰일 수도 있고, 또 공격의 목표가 될 수 있다. 이것은 대량 살상을 불러일으킨다. 2) 다른 나라나 테러 집단에 그것을 팔아서, 무모하고, 무책임하게 사용될 가능성이 있다. 3) 한반도에는 핵무기가 없었다. 그리고 남한도 그것을 가지고 있지 못하다. 플루토늄마저 없다. 비록 미국의 핵우산 아래 있다고 하더라도 남한 정부에는 핵이 없다. 그러니 북한의 소지는 불의한 일이다.

그러나 넓게 생각해 보면, 북한의 핵무기 소지는 불의한 것이 아니다. 왜냐면 미국, 중국, 러시아가 핵무기를 갖고 있고 특히 미국은 많은 수를 가지고 있는 최강국이다. 또 일본은 핵무기를 며칠 내로 만들 수 있는 플루토늄을 몇 천 톤 보유하고 있다. 북한은 26kg 플루토늄으로 8개의 핵무기를 만들었을 것이라고 일본은 예상했다(2008년 7월 4일자 보도). 그런데 일본은 핵무기 1만 개 이상을 만들 수 있는 65톤의

플루토늄을 갖고 있고, 연간 7.7톤의 고농축 우라늄을 생산하고 있다고 하는데 이것으로 연간 핵무기를 4~500개를 만들 수 있는 양이라고 한다(2009년 8월 17일보도). 그러니 북한의 26kg, 남한의 0kg에 비해서 일본은 너무나 많이 가지고 있는데, 일본이 미국과 함께 북한에 대해 매우 적대적이라는 것은 다 아는 사실이다. 이러한 상황에서 북한의 핵무기 6~8개 정도의 소유가 정말 불의한 일인가?

정의와 평화의 문제와 관련하여 볼 때, 북한의 핵무기 소지는 한마디로 애매모호하다. 핵무기는 근본적으로 대량 살상 무기이므로 당연히 없어져야 한다. 그렇다고 무작정 없애지 않으면 어떠한 협상이나 인도적 지원이 불가하다는 주장도 잘못되었다. 협상, 교류, 지원이 진행되면서 자연스럽게 핵무기를 폐기하는 방향으로 나아갈 수 있을 것이라고 본다.

평화의 문제를 위해 성서는 좋은 텍스트를 제공해 준다. 그리스도는 평화라는 말씀이다.

그리스도는 우리의 평화이십니다. 그리스도께서는 유대 사람과 이방 사람이 양쪽으로 갈려 있는 것을 하나로 만드신 분이십니다. 그는 유대 사람과 이방 사람 사이를 가르는 담을 자기 몸으로 허무셔서, 원수된 것을 없애시고, 여러 가지 조문으로 된 계명의 율법을 폐하셨습니다. 그것은 이 둘을 자기 안에서 하나의 새 사람으로 만드셔서, 평화를 이루고, 원수된 것을 십자가로 소멸하시고, 십자가로 이 둘을 한 몸으로 만드셔서, 하나님과 화해시키려는 것입니다.(엡 2:14-16)

에베소서 기자는 이 말씀에서 구원은 하나님과의 화해에서 온다고 하면서, 원수된 자들을 그대로 원수로 남겨두고 서로 등 돌린 상태에서는 얻을 수 없는 것이 바로 구원이고 하나님과의 화해라는 것을 분명하게 보여 주고 있다고 하겠다. 구원은 원수와 화해와 하나 되는 것에서 온다. 원수 된 자들의 잘못을 따져서(즉, 정의를 논하여서) 분쟁하는 것이 아니라, 이 잘못과 원수 됨을 십자가가 없애 버렸으니 그 십자가를 따르라는 것이다. 십자가는 분쟁과 원수 됨을 소멸시키는 신적인 능력을 가리킨다. 그렇다면 정의란 무엇인가? 정의는 십자가를 수용할 수 있는가? 화해는 정의와 어떤 관계가 있는가? 정의가 먼저인가, 아니면 화해가 먼저인가? 에베소서에서는 먼저 화해가 있어야 평화 즉 정의가 성립한다고 말한다.

화해의 근거에는 새로운 사람의 출현이 존재한다. 새로운 사람이 되기 때문에 평화가 이루어진다. 원수 된 것을 십자가로 소멸시켜 주고, 새로운 인간으로 탄생시켜 준다. 이로써 예전의 내가 죽고, 새로운 내가 십자가를 통해서 일어난다.

분쟁은 정의 때문에 일어나는가, 아니면 이해관계의 대립으로 발생하는가? 전쟁에는 정의가 없고 이해관계의 대립만이 있을 뿐이다. 이해관계의 대립으로 말미암아 전쟁이 터지고 분쟁이 일어난다. 한쪽이 정의롭고 다른 쪽이 불의하기 때문에 전쟁이 발발하는 것이 아니다. 진정한 정의는 전쟁을 일으키는 것이 아니라, 평화를 이끌어 낸다. 정의를 가장한 가짜의 정의가 전쟁을 야기한다. 그러므로 정의로운 전쟁은 성립될 수 없다. 정의가 전쟁을 이끌어 낸다는 말은 성립될 수 없다. 현실의 전쟁은 이익을 성취하기 위해서 정의를 가장하여 일어나고 있으며, 거기에는 정의가 아니라, 그 반대가 존재한다. 백 번 양보해서 정당한 이유를 가진 전쟁이 있다고 하자. 그러나 그 결과가 대량 살상이므로, 그러한 전쟁도 정의와 거리가 멀다. 연결해서 생각해 보면, 전쟁으로 발전할 수 있는 분쟁이나 갈등도 정의와 거리가 멀 뿐 아니라, 불의한 것임을 알 수 있다.

다른 한편으로 우리는 이런 생각을 해야 한다. 현상 유지라고 하는 평화의 상태, 즉 정의가 없는 평화를 생각해 보자. 그 대표적인 예가 팍스 로마나(Pax Romana)이다. 약자에 대한 수탈을 기반으로 하는, 힘에 의한 평화를 말한다. 힘에 의한 평화에서 정의로운 평화로 나아가기 위한 방도로서, 폭력에 의존하지 않고, 비폭력적 적극 투쟁과 비폭력 무혈 혁명의 방식을 생각해 볼 수 있다. 이것은 예수의 투쟁 방식과 일치한다. 오늘날에는 이러한 방식의 성공을 위해 여론 조성과 공동의 지성의 개발, 그리고 민중의 적극적인 연대 등을 행한다.

평화는 정의에 기초한 것이어야 한다. 정의 없는 평화는 거짓이다. 오늘날의 팍스 아메리카나(Pax Americana)는 일방적인 평화로서 특히 아랍권으로부터 무력적인 공격을 받고 있다. 팍스 아메리카나와 같은 강압적인 평화 유지에 대항한 이슬람 무장 세력의 테러 전쟁도 정의의 범위에서 크게 벗어나 있다. 이슬람 근본주의자들의 성전(Jihad)이든 기독교의 정의로운 전쟁이든 이것들은 정의를 명분으로 자기의 이익(지배력의 확장)을 실현하기 위해 전쟁을 일으킨다.

한반도에 정의에 기반을 둔 평화가 시급히 구축되어야 한다. 현재의 평화의 모습은 미국의 지배력에 의한 평화이다. 지배력에 의한 평화와 긴장 조성은 한 동전의 앞뒷면과 같다. 미국은 약자인 북한을 가상의 위협적 존재로 만들어 긴장을 조성하면서 한반도에서의 안전의 수호자로 자처하면서 지배력을 강화하고 있다. 북한은 이러한 위협으로부터 자신을 보호하기 위해 핵무기를 개발하고 군사력을 증강시키고 있다. 이러한 상황을 극복하고 한반도에 정의에 기반을 둔 평화를 세울 수 있을까? 그것이 가능하려면 어떤 조건이 갖추어져야 하는가?

미국과 그 동맹국의 지배 권력과 이에 대항하는 중국과 그 동맹국의 지배 권력 사이에서의 이권과 지배력 확장을 위한 다툼에서 생긴 한반도에서의 긴장과 갈등은, 현재의 상태를 불의하고 불안한 평화와 불안한 안전의 상태로 만들어 놓았다. 이러한 정의 없는 평화의 상태는 한반도의 모든 주민들에게 고통을 안겨 줄 뿐이다. 한반도에서 군사적 긴장을 필수 요소로 하고 있는 정의 없는 평화를 하루 빨리 종식시키고 정의가 있는 평화로 전환해야 한다. 그리하여야 한반도의 주민들의 삶 속에 선이 조성될 수 있을 것이다. 정의만이 집단과 개인에게 선과 복지를 가져올 수 있다.

한반도에서 지금의 휴전 상태는 빨리 종식되어야 하고, 종전(終戰), 그리고 평화협정을 체결하여 완전한 평화체제로 전환되어야 한다. 이것의 주요 걸림돌은 북한의 핵무기일 것이다. 그런데 북한의 핵무기가 자기 방어용이요, 협상용이라고 한다면 평화협정을 체결 못 할 이유가 없다. 평화협정의 전제로 북한의 핵무기의 폐기를 요구한다면 북한이 협상에 응하지 않을 것이다. 평화협정은 우선적으로 체결해야 하고, 그리고 나서 비핵화 과정을 밟는 것이 훨씬 현실적이다. 지금까지 북한을 6자 회담의 체계 속에 북한을 끌어들여 항복을 받아 내려고 했지만 북한은 이것을 무력화시키는 방식으로 일관하였다. 북한은 핵무기를 유지하면서 동시에 남한과 서방의 지원을 받으면서 독자적인 노선을 걸으려고 할 것이다. 그리고 북한은 한반도에서 평화협정을 체결하면서 독립국가로 발전하려고 할 것이다. 이런 경우 통일을 무리하게 급하게 서둘러야 할 필요가 있는가. 통일은 서서히 이루어지는 것이 남북 모두를 위해서 좋다. 우선 상호 이해 속에서 왕래와 교류를 하면서 서서히 통일을 향해 나가는 것이 가장 적합할 것이다.

나는 우리가 최근까지 생명, 평화, 정의 중에서 생명에 치우쳐서 생각해 왔다고 판단한다. 그리고 평화도 함께 중요하게 다루어 왔다.

그런데 어느 때부터인가 정의에 대해서는 더 깊이 다루지 않고 있다는 것이다. 구약의 루아흐(영)는 생명과 평화뿐 아니라, 정의를 불러온다. 예수도 정의를 중시하였다. 예수는 불의를 위한 평화보다는 정의를 위해 분열을 일으키러 왔다고 했다(눅 12:51). 예수는 진정한 평화, 정의로운 평화를 위해 일하는 사람은 하느님의 아들이라고 하여 평화와 정의를 하나로 묶었다.

정의가 전제되지 않는 생명과 평화는 강자를 위한 생명과 평화가 된다. 이것은 이명박 정부가 진행하고 있는 4대강 사업에서 잘 볼 수 있다. 정권과 정부가 국가를 완전히 대신할 수 있을까? 정부는 국가가 아니다. 국가의 주권은 정부에 있는 것이 아니라, 국민에게 있다. 현 정부는 국민의 절대 다수를 대표하지 않는다. 이명박 정부는 국가도 아니고 대한민국도 아니다. 집권 정당이 과연 국가의 모든 면을 대표할 수 있는가? 인구 전체의 30% 정도의 표만을 얻고 취임한 대통령이 국토에 결정적인 변환을 가져올 권한을 국민으로부터 위임받은 것처럼 행동한다면 말이 안 된다. 국민 전체에게 물어보아야 한다. 국민투표를 해야 한다.

이명박 정부는 취임 직후 한반도 대운하 사업을 시작하였다가 국민의 절대 다수의 반대에 부딪치자 4대강 사업으로 선회하였다. 그런데 4대강 사업은 내용적으로 대운하 사업과 다르지 않다는 것이 많은 전문가들의 판단이다. 국토에 큰 변화를 가져오고, 홍수 등 재해를 불러일으킬 수 있는 이 대공사를 누가 허락하였는가? 정권을 잡았다고 그것을 허락받은 것으로 생각한다면 큰 착각일 것이다. 몇몇 토건업자나 땅 소유자들에게 이익이 돌아가며, 그 대가로 생태계를 희생시키는 것이 진정 정의로운 일인가? 인간을 위해서 자연을 파괴하는 일은 당연한 일인가? 거기에 근본적인 잘못은 없는가? 어차피 인간은 자연을 이용하고 자연과 더불어 살아야 한다. 그러기 위해서는 자연과 더불어 살아야 한다. 그런데 이번 4대강 사업은 그 자체로, 그리고 친수법(친수 구역 활동 특별법)이 통과되어 땅 투기, 난개발 등이 조장되면서 더욱, 소수의 인간들의 이익을 위해 자연을 일방적으로 개조, 파괴하는 일이다.

오늘날의 정의의 문제는 인간과 인간 사이의 문제만이 아니라, 인간과 자연생태계와의 문제이기도 하다. 인간의 복리와 선만을 생각하던 근대 정부의 역할은 이제 끝났다. EU에서 보듯이 이제 정부는 인간의 복리, 특히 약자의 복리와 자연의 복리를 함께 생각하지 않으면 안 된다. 모든 생명체들은 인간 사이뿐만 아니라 자연과 유기적 관계 속에 어울려 함께 살아나간다. 불의와 생명은 함께 가지 못한다. 불의는 생명을 죽인다. 오직 정의만이 생명을 살린다. 자연 속에서의 생명과 정의는 생명의 영에 의해서 북돋아진다는 것을 이사야는 이렇게 예언하였다. "그러나 주께서 저 높은 곳에서부터 다시 우리에게 영을 보내 주시면, 황무지는 기름진 땅이 되고, 광야는 온갖 곡식을 풍성하게 내는 곡창지대가 될 것이다. 그 때에는 광야에 공평이 자리잡고, 기름진 땅에 의가 머물 것이다."(사 32:. 15-16)

정의와 평화와 생명을 함께 생각할 때 우리는 정의에 바탕을 둔 평화와 생명을 하나로 묶어서 우리의 삶의 궁극적인 목표, 즉 신앙의 목표로 삼아야 한다고 생각한다. 실로 정의, 생명, 평화를 지키고 진작시키는 일은 우리의 신앙이 지향해야 할 바이다. 생명과 평화는 목적 가치에 가까운 데에 비하여, 정의는 목적적 가치와 수단적 가치를 모두 가진다. 즉 정의에 기초한 생명과 평화이어야 하며, 생명과 평화는 정의의 관점에서 이루어져야 하지, 불의에 기초하여 이루어진다면, 악이 되고 만다. 그 예가 이명박 정부의 4대강 살리기 사업, 대북 정책이다.

후자에 대해 먼저 언급하면, 이명박 정부는 종전선언과 평화협정을 명시한, 2차 정상회담의 결과물인 10·4선언(2007년)과 느슨한 남북의 연대와 통일을 위한 점진적인 방안을 명시했던 1차 남북정상회담의 6·15선언(2000년)을 부정하고, 군사적 위협, 식량과 비료 등 물자지원 중단 등 다양한 방식으로 북한을 압박하고 무너지기만을 기다리는 정책으로 일관하고 있기 때문에 사실상 남북 간의 평화와 상생의 질서를 파괴하는 결과를 낳고 있다.

현재 이명박 정부가 시행하고 있는 4대강 살리기 사업은 정의에 바탕을 둔 게 아님이 거의 확실하다. 인간의 거짓과 욕심이 이 사업 안에 많이 들어가 있다. 이것으로 자연을 살리기보다는 자연을 기형화시킬 가능성이 높다. 이것은 인간이 하느님의 몸인 자연을 마음대로 변형하고, 파괴하는 것이 될 것이므로 그 여파인 대재앙이 우려된다. 자연의 생명에 큰 교란이 왔을 때 인간이 계산하거나 예측하지 못한 일들이 일어날 수 있기 때문이다. 인간이 자기의 욕심을 채우기에 눈이 멀어 자연을 혹사하거나 착취할 때 예측치 못한 재앙들이 돌아오는 것을 인류는 이미 경험하고 있지 아니한가? 홍수, 가뭄, 쓰나미, 혹한, 전염병(예, 돼지 인플루엔자와 같은 수인공통전염병, 가축 수백만 마리를 살처분하게 만든 구제역) 등 날로 심해지는 자연재해는 많은 부분 인간의 탐욕에 의해 자연이 파괴되면서 일어난 재앙이다. 자연에 대한 불의는 생명의 하느님에 대한 거역이요 대적이다. 현 정부의 모든 정책, 특히 4대강 사업을 대형 교회 목회자들, 교인들, 그리고 뉴라이트 등의 일반 보수적인 기독교인들이 지지하고 있다. 여기에서 우리는 신앙의 근본적인 내용이 무엇인가를 밝혀야 할 필연성을 가진다. 이것은 오늘날 삶에 대한 기본자세의 변화와 관련하여 논의할 필요가 있다. 신앙의 회심은 삶의 기본자세의 변환을 수반한다.

## 삶의 자세: 소유에서 존재로

오늘날 사람들은 소유와 소비를 추구한다. 오늘의 신자유주의적 자본주의 문명은 인간의 가치를 소유와 소비로 판가름하는 문명이다. 많은 소유를 열망하고, 거기에 자신의 전 전존재를 던지며, 더 많은 소유와 더 많은 소비를 자랑하는 시대의 풍조에서 우리의 존재는 한없이 가벼워질 수밖에 없다. 존재가 소유에 의해서 결정되고 있는 풍조에서 일확천금은 선망의 대상이다. 더 많은 소유를 위해 사람들은 대도시에서 스트레스의 세례 속에서 매연을 마시며 밤잠을 설치며 자신이 죽어 가는지도 모르고 스피드를 내어 달린다. 더 많은 소유를 위해서 질병 등으로 자신의 생명이 축소되어 가는 것을 감수한다. 자연의 아름다움을 쳐다볼 틈도 없다. 얼마 전 4대강 사업 철폐를 위한 금식기도회에서 낭독된 개신교 측의 기도문을 인용하고자 한다.

창조주 하느님, 저 푸른 창공, 드넓은 바다, 산 위를 떠오르는 태양, 들판에 춤추는 노을, 졸졸졸 흐르는 시냇물, 형형색색 아름다운 들꽃, 부드러운 새들의 노래, 저 시원한 바람, 모두 하느님의 솜씨입니다.

소유를 확대하기 위해 시장의 원리에 종속되어 있는 우리의 삶에는 하느님의 솜씨를 즐길 수 있는 여유마저 사라졌다. 소유적 삶이란 시장의 이윤동기에 의해서 움직이는 삶의 양태를 말한다. 이것은 소유를 통해서 존재를 확인하는 삶의 양태를 말한다. 4대강 사업은 자연을 시장의 이윤동기에 의해서 개조한다는 측면에서 문제가 있다. 4대강 사업을 통해서 많은 이윤을 창출할 수 있다는 시장 원리와 맘몬주의가 이 사업을 하게 되는 동기로 작용했다. 정부는 국가 하천변의 양쪽

2Km 안의 땅을 친수법에 따라서 재개발한다고 한다. 이것으로 부동산 장사를 하려고 한다. 이러한 땅이 전체 국토 면적의 12%에 해당한다고 한다.

강들은 유구한 기간 동안에 자연스럽게 그리고 최적의 모습으로 자신의 모습을 형성하여 왔다. 그런데 수천, 수만 년 동안의 비바람과 계절의 변화 속에서 만들어진 4대강의 지형을 환경에 대한 영향평가도 제대로 하지 않은 채 그것도 속도전으로 밤새 파고 콘크리트를 붓고, 곳곳에 댐과 보를 건설한다니 이것은 인간의 욕심과 교만으로 자연을 마음대로 주무르는 위험천만한 일이 아닐 수 없다. 자연의 반격 즉, 자연으로부터 오는 대재앙이 어떤 식으로 올지 우리는 예측하기 힘들다. 다만 두려울 뿐이다. 선진국에서는 강줄기를 인공적으로 바꾸었던 것을 다시 부수고 제자리로 돌려놓고 있는데, 우리는 강에다가 콘크리트를 붓는 공사를 하고 있으니, 이것은 분명 자연 순리에도 맞지 않고 역사적 경험에서도 어긋난다.

존재의 삶의 양태는 대자연 속에서 하느님의 솜씨를 만끽하는 삶이 아닐까 한다. 그리고 하느님이 주신 대자연이라고 하는 생명의 정원을 가꾸고, 생명과 평화가 넘치는 세상을 만들고 그 속에서 삶을 즐기는 것을 말한다. 적게 소유하고 소유한 것을 이웃과 나누며, 자연과 평화를 이루는 삶을 말한다. 소유의 삶의 형태가 더 많은 소유를 위해 질주하는 것이라면, 존재의 삶의 형태는 더 적은 소유로 더 풍부한 삶을 경험하는 것을 말한다. 이는 소유를 향한 질주에서 눈을 돌려, 적게 갖고 가진 것을 나누며, 자연 속에서 안식하는 것이 소유보다 더 풍부한 것임을 말한다. 이는 '마음이 가난한 자가 복이 있다, 하느님의 나라가 그들의 것이다'는 산상수훈의 말씀과 부합된다.

소유의 삶의 양식으로 빼놓을 수 없는 것이 개발주의이다. 개발주의는 자연 파괴를 낳고, 이것은 다시 삶의 파괴로 돌아온다.

나는 며칠 전에 지리산을 방문하였다. 함양군 마천면 부근에 산으로부터 물이 많이 모이는 용유담이라는 아름다운 연못을 가보았다. 그곳 아래 부분에 댐을 건설하여 그 위에는 신라 시대로부터 내려오는 국보급 사찰인 실상사도 물에 잠기게 되는 일을 시장주의자, 개발주의자들이 실행하려고 하였다. 다행히 여론의 반대로 그러한 계획이 일단 수면 아래로 들어가기는 했지만 앞으로 어떻게 될지 모른다. 생태 생명 지킴이들이 계속해서 감시와 견제를 늦출 수 없게 되었다. 그런데 함양군 마천면 주변에서 많은 사람들이 댐 건설을 할 경우 보상을 받기 위해서 투기하고, 가건물을 짓거나, 묘목을 심어 보상금을 타려 했다고 한다. 소유적 존재로서의 인간의 모습이다.

본 연구자가 재직하고 있는 성공회대학 뒷산은 서울에 몇 안 남은 청정 숲이었다. 덕분에 휴식처로 자주 찾던 곳이다. 그런데 얼마 전부터 중장비와 트럭으로 숲을 가로 질러 도로를 놓고, 산을 뚫어 터널을 만들고 있다. 이제 우리는 그 길 건너편의 산에 오르기가 어렵게 되었고 차에서 뿜는 매연을 먹게 되었다. 작은 동물들이 도로에 막혀 양쪽을 건너다닐 수 없게 되었다. 이 시대의 가장 큰 모순은 자연과 인간의 갈등의 문제가 아닌가 생각한다. 어떻게 자연과 평화를 이루면서, 자연과 더불어 잘 살 수 있겠는가? 지금처럼 막개발을 불러일으키는 혼미한, 맘몬적인 삶의 태도에서 벗어나야만 살 수 있을 것이다.


## 존재에서 생명평화로

성서에서 생명평화의 가치를 부각시키고 있는 문서들은 대단히 광범위하게 퍼져 있다. 구약에서 생명과 평화, 그리고 정의를 유기적으로 연결시킨 텍스트는 이사야서이다. 이사야 11:1-9, 32:15-20이 그 대표적 텍스트들이다. 마태복음의 산상수훈에서는 평화를 강조한다. 그러나 마태 10:34-35에 "너희는 내가 땅 위에 평화를 주러 온 줄로 생각하지 말아라. 평화가 아니라 검을 주러 왔다. 나는 '아들이 제 아버지를, 딸이 제 어머니를, 며느리가 제 시어머니를 거슬러서 갈라서게' 하러 왔다"는 텍스트가 나오는데, 이것은 정의가 없는 평화를 거부해야 한다고 이해해야 할 것이다. 원수 사랑의 말씀은 평화를 위해 가장 중요한 가르침이다. 원수 사랑과 정의가 함께 갈 수 있나? 원수 사랑은 궁극적으로 정의를 가져오는가? 아니다. 진정한 정의는 원수의 생명을 존중하는 것이 아니겠는가. 이것은 남북이 대치되어 있는 우리의 상황에서 더욱 진실이다.

바울 서신들에서 사도 바울은 생명과 평화를 함께 지향한다. 그는 생명과 평화를 영과 육의 대립적 관계 속에서 이해하고 있다. 생명과 평화는 성령을 따르는 삶의 결말이지만, 육을 따르는 삶의 결말은 죽음이라고 하였다(롬 8:6). 생명과 평화는 신앙의 문제이다. 신앙인은 성령에 속한 사람이며, 그는 생명평화를 이룬다. 로마서 8장에서 바울은 놀랍게도 인간의 신앙의 문제를 피조세계와 연결시켰다. "우리는 모든 피조물이 이제까지 함께 신음하며, 해산의 고통을 함께 겪고 있다는 것을 압니다"(22절). 바울은 고통 중에 있는 피조물이 하느님의 자녀들이 나타나기를 간절히 기다리고 있다고 증언하고 있다(19절). 여기에서 피조물을 가리키는 그리스어 ktisis는 땅, 동식물만을 가리키는 것 같지는 않다. 인간도 함께 지칭하는 것으로 여겨진다. 즉 모든 인간과 만물을 모두 포함하는 것으로 생각해야 할 것이다. 즉, 인간도 피조물이며, 다른 피조물과 같이 분류된다. 바울의 생각을 해석해 보면, 피조물들 중에서 성령의 생명평화를 따르는 인간이 특별히 선택되어 피조물을 생명으로 이끌 수 있다고 볼 수 있다. 성령은 피조물의 생명의 원천이며, 살리는 일을 구체적으로 담당하는 주체는 성령의 길을 선택한 하느님의 자녀들이기 때문이다. 하느님의 자녀가 된다는 것은 피조물을 죽음과 고난으로부터 해방하는 자가 된다는 것, 즉 생태계와 인류를 함께 묶어서 지키는 자가 된다는 것으로 이해된다. 여기에서 자연계와 인간계의 구속(redemption)은 연결되어 있는 것이지 분리된 것이 아니라는 것이 기독교의 통찰임을 알 수 있다. 그러므로 구속은 성령을 받아 생명평화를 실천하는 영적인 인간들의 동참으로 이루어진다. 로마서 8:19-22, 24-25의 말씀은 크리스천들에게 사명을 주는 말씀이다. 좀 길지만 직접 인용하고자 한다.

피조물은 하느님의 자녀들이 나타나기를 간절히 기다리고 있습니다. 피조물이 허무에 굴복했지만, 그것은 자의로 그렇게 된 것이 아니라, 굴복하게 하신 그분이 그렇게 하신 것입니다. 그러나 소망은 남아 있습니다. 그것은 피조물도 사멸의 종살이에서 해방되어서, 하느님의 자녀가 누릴 영광된 자유를 얻는다는 것입니다. 우리는 모든 피조물이 이제까지 함께 신음하며, 해산의 고통을 함께 격고 있다는 것을 압니다.(19-22)

우리는 이 소망으로 구원을 받았습니다. 눈에 보이는 소망은 소망이 아닙니다. 보이는 것을 누가 바라겠습니까? 그러나 우리가 보이지 않는 것을 바라면, 참으면서 기다려야 합니다.(24-25)

위 텍스트의 20절은 허무(mataioteti)를 언급하되 이것을 소망과 연결하여 언급하고 있다. 여기에서 피조계가 허무에 빠진 것은 신의 뜻이며, 허무에 빠진 것은 소망이 아주 없는 것은 아니다. 허무 속에서의 소망은 신이 마련해 주신 것이다. 대체로 보면 허무를 깊이 경험한 사람들은 현존의 질서나 가치관에 회의하게 된다. 이들은 나아가서 이러한 기존의 잘못을 바로 잡을 힘이 현재의 질서 속에는 없다는 것을 안다. 그렇다면, 허무주의는 밖으로부터의 구원, 즉 메시아 사상과 종말 사상으로 이어진다. 종말적 메시아 사상과 종말 사상은 다시 성령과 깊은 관계가 있다. 생명의 영의 길을 선택한 우리들은 이 피조세계가 허무 속에 빠졌기 때문에, 피조세계를 이 깊은 허무로부터 해방하는 메시아의 역할, 즉 하느님의 자녀의 역할을 감당해야 한다. 여기에서 허무란 물신주의에 빠진 소유적 삶에 빠져 있거나 그 영향 아래(허무, 사멸의 종살이)에 놓여 있는 상태를 가리키는 것으로 볼 수 있다. 현재 콘크리트로 뒤덮여 생명의 영이 통과하지 못하는 4대강과 그 유역의 자연 그리고 그 속에 살고 있는 우리 인간들이야말로 "신음하는 피조물"이 아닌가. 이러한 피조물들은 허무와 사멸의 영, 즉 맘몬의 개발주의의 영에 포로로 잡혀 있다. 우리가 생명의 영을 선택할 때 맘몬의 영으로부터의 해방이 시작된다.

위의 텍스트의 또 다른 요지는 인간의 운명과 인간 아닌 피조세계의 운명이 분리될 수 없이 연결되어 있다는 점이다. 인간을 피조물로부터 분리하여 완전히 다른 존재로 생각하는 인간중심주의는 이 텍스트에서 부정된다. 인간은 몸을 입고 있는 피조물이다. 인간은 흙으로부터 나와서 흙으로 돌아간다. 흙의 인간인 아담이라는 말의 어원은 히브리어 아다마(Adamah)이며, 이것은 땅 혹은 흙을 가리킨다. 라틴어에서 휴무스(humus, 흙, 부식토)라는 말은 인간(homo)이라는 말의 기원이며, 히브리어 아다마와 마찬가지로 땅을 의미한다. 땅이 망가지고 파괴되면 인간도 함께 파괴된다. 피조물의 죽음은 인간의 죽음으로 이어진다. 그렇기 때문에 피조물의 죽음을 막는 것은 곧 인간 자신을 보호하는 것이 된다. 인간이 흙 즉 자연 위에 있고 그렇기 때문에 자연을 자의로 조작할 수 있는 권리가 있다고 주장한다면 교만이고 잘못이다. 자신의 본분을 잊은 무모한 짓이다. 인간은 자연의 일부이며, 자연 안에 존재하며, 자연(흙)으로부터 나왔다. 땅과 자연을 파괴하는 것은 곧 인간을 파괴하는 자해 행위이다. 오늘날의 자본주의적 개발주의는 인간의 자해 행위를 정당화하는 죽음의 권세일 뿐이다.

## 생명평화는 신앙 중심 내용

육신에 속한 생각은 죽음입니다.
그러나 성령에 속한 생각은 생명과 평화입니다.(롬 8:6)

이제 결론을 맺으려고 한다. 이 작은 논문은 기독교 신앙의 핵심이 무엇인가를 살피는 것을 목적으로 하였다. 그것을 이루기 위해서 오늘날의 상황에 대해서 점검하고, 그것을 생명과 평화 그리고 정의의 관점에서 분석하여 보았다. 신앙의 기본 내용은 생명평화라고 평가내릴 수 있다. 그리고 그것에 이르는 길은 정의의 길임을 확인할 수 있었다. 앞으로 더 연구해야 할 과제는 생명평화와 정의의 관계를 좀 더 깊이 있게 정립하는 일이 아닌가 생각한다.

이 글에서 잠정적으로 내린 결론은 첫째로, 생명의 관점에서 볼 때 자연과 인간의 평화와 화해가 긴요하다는 것이었다. 자연의 생명은 인간의 생명을 보증해 준다. 그 반대도 성립한다. 이 둘은 분리될 수 없다는 것이 현실적인 요청이요, 성서의 가르침이었음을 이 글에서 밝혔다.

둘째로, 생명의 보편적인 가치를 확인하였다. 그리하여 인간 세계에서는 평화가 생명평화여야 한다는 것, 그리고 정치는 생명정치, 노동은 생명노동으로 생명적인 관점이 부각되어야 한다는 점을 발견하였다. 그만큼 생명은 모든 문제와 가치에서 근원이 된다는 것이 오늘 포스트모던 시대에 와서 더욱 분명해졌다. 그리고 생명평화는 정의의 구조 속에서 지속되고, 살찌고, 꽃피울 것이라는 점이 강조되었다.

마지막으로, 평화는 생명의 관점에서뿐만 아니라, 정의의 관점에서 보아야 한다는 것이다. 정의의 관점에서 볼 때 북한의 핵무기 소지에 대한 우리의 판단은 애매모호할 수밖에 없다. 즉 북한의 핵무기, 그리고 한반도에 있는 모든 핵무기는 없어져야 할 것이지만, 그러나 일본은 어느 때라도 핵 무장을 할 수 있는 능력과 준비가 갖추어져 있고, 미국, 중국, 러시아는 핵 강대국이라는 한반도 주변 상황과 주변 강대국과의 형평성을 고려할 때 북한의 핵무기 보유 그 자체를 무조건 악으로 규정할 수만은 없지 않은가 하는 생각이다. 즉 이것이 교류와 화해 등 생명평화를 위한 주요 의제들의 전제조건이 되어 걸림돌이 되어서는 안 된다는 것이다. 북한의 핵무기의 폐기는 화해와 교류, 평화협정 등의 결과로 실현될 것이라고 본다.

21세기 한반도에서의 기독교 신앙의 요체는 생명과 평화이다. 이것은 허무와 사멸의 육신에 속한 생각이 아니라, 성령에 속한 생각이며, 생명과 평화를 향한 마음의 지향성이다.

〈 논 평 〉

# "'오직 신앙만으로'의 내용은 생명평화" 논평

김준우 목사 (한국기독교연구소)

## 들어가는 말

2010년 부활절을 맞아 발표된 〈생명과 평화를 여는 2010년 한국 그리스도인 선언〉은 성서의 관점에서 시대의 징조를 읽어 내야 하고 신앙을 다시 정리해야만 할 만큼 절박한 위기의식의 산물이다. 그 위기의식은 이명박 정권 아래 더욱 악화되는 민족 모순과 계급 모순, 그리고 생태계 파괴에 대한 위기의식이다. 따라서 그 선언은 1) 하나님의 창조/구원 역사의 핵심인 "풍성한 생명"을 파괴하는 시대의 징조를 포괄적으로 분석함으로써 현실의 모순이 무엇인지를 밝힐 뿐만 아니라, 그리스도의 몸 된 교회에 속한 우리가 예수 그리스도를 본받아 살지 못하고 지배체제의 권세와 지배문화의 유혹에 넘어간 것에 대한 죄책을 진정하게 고백하며, 2) 우리가 신앙적으로 무엇을 믿는 사람들인지를 생명평화의 관점에서 구체적으로 고백하며, 3) 우리의 고백을 실천하기 위한 과제들을 다짐한다. 즉 1) 우리의 현실에서 "무엇"이 모순이며, 2) 우리는 "무엇"을 믿으며, 3) "무엇"을 할 것인지를 선언하고 있다. 좀 더 넓은 차원에서 오늘의 생명 파괴 현실은 전대미문의 대규모적인 멸종의 현실에서 볼 때, 신생대가 급격하게 끝나 가고 있는 지질학적 시대이며, 토마스 베리 신부의 통찰처럼 생태대를 향해 창조적으로 돌파해야만 하는 "위대한 과업"을 유념할 필요가 있다. 특히 올해는 "종 다양성의 해"이며, 또한 산업(석유) 문명의 정점을 넘어섰다는 사실은 인류 문명의 붕괴만이 아니라 인류 대다수의 생존 자체를 크게 위협하고 있는 현실이기 때문이다.

이제 그 선언의 취지를 살려, 교회 개혁을 염두에 두고 논의를 이어 가기 위한 오늘의 심포지엄에서, 1) 생명평화신학, 2) 생명평화교회, 3) 생명평화선교의 측면에서 논하려 할 때, 권진관 박사가 발제를 맡은 생명평화신학에서 필요한 것은 그 선언에 대한 해설인가, 교회 개혁을 위한 각론인가, 그리고(또는) 선언에서 밝힌 실천 과제들을 구체화할 행동 전략("어떻게")과 연관된 논의가 필요한가 하는 문제가 우선 제기된다. 특히 개신교 신학원리들(오직 믿음, 오직 은총, 오직 성서)이 당시의 상황에서부터 분리됨으로써 오늘날 기독교인들 사이에서부터 그 부정적인 폐해들(특히 싸구려 믿음주의와 교회주의와 교리주의에 사로잡힌 제사훈련)이 많이 나타나고 있기 때문이다. 권 박사의 글 "'오직 신앙만으로'의 내용은 생명평화"는 마지막 부분(6)에 나오는 것처럼 "생명평화가 신앙의 중심 내용"이라는 점을 강조하려는 것으로 보인다.

생명평화신학을 조직신학의 관점에서 정립하기 위해서는 무엇보다 교회가 생명평화의 신앙을 생활화하기보다는 오히려 자본과 권력의 포로가 되어 이런 무한경쟁과 죽임의 체제를 하나님의 이름으로 재가해 줄 뿐만 아니라 죽임의 문화를 확산시키는 데 공헌한 신학적-

목회적 원인들을 분석하고, 예수 그리스도의 생명평화 전략에 근거할 필요가 있다. 생명 파괴의 책임이 상당부분 성직자들의 우상숭배와 편의주의와 나태함에서 비롯되었음에도 불구하고 "부끄러워하지도 않았고, 얼굴을 붉히지도 않았다"(렘 6:15)는 자책 때문이다. 또한 예수는 당시 지배체제를 재생산하는 성전중보체제의 신학적 정당화에 도전하고 황제의 나라(바실레이아)에 정면으로 대항하는 대안공동체(하나님의 바실레이아)를 만들었기 때문이다. 따라서 오늘날 대다수 목회자들의 신학과 목회에서 가장 중심이 되는 신학적 뼈대인 '4영리'와 '3박자 축복'과 '대속론'에 근거한 교회 성장주의 신학은 근본적으로 반예수적이며 반기독교적인 신학이라는 사실에서부터 교회 개혁을 위한 논의가 출발해야 할 것이다.


## 중생한 복음주의 기독교인들은 왜 세상 사람들보다 더욱 폭력적인가?

복음주의 신학자 로날드 사이더가 쓴 *The Scandal of the Evangelical Conscience: Why Are Christians Living Just Like the Rest of the World?*(2005)는 이혼, 아내 구타, 십일조, 성 문제, 인종 차별 문제에서 중생한 복음주의자들이 세상 사람들과 전혀 다르지 않거나 오히려 더욱 폭력적이라는 통계들을 인용하고 있다. 성경을 가장 많이 읽고, 기도를 가장 열심히 하며, 신앙적 확신이 가장 강한 복음주의자들이 이처럼 더욱 폭력적인 이유는, 예컨대 존 쉘비 스퐁(《성경과 폭력》)과 존 도미닉 크로산(《하나님과 제국》), 엘리자베스 쉬슬러 피오렌자(*The Power of the Word: Scripture and the Rhetoric of Empire*) 등이 밝히고 있듯이, 성경 자체 속의 폭력성(부족적 폭력성의 하나님, 재림 예수는 도살당한 어린양에서부터 우주적인 도살자 예수로 둔갑하는 모습 등)을 간파하지 못한 채, 성서의 폭력성을 내면화하기 때문이다. 또한 생태계 파괴 문제에서도 기독교인들이 일반인들보다 더욱 무관심한 이유 역시 단순히 하나님의 일방적인 섭리에 대한 믿음 때문만이 아니라, 기독교인들의 자기중심성과 이기주의가 더욱 극심하기 때문인 것으로 보인다.


## 교회 성장주의 신학(4영리와 3박자 축복과 대속론)의 부정적인 폐해


이처럼 대다수 기독교인들이 더욱 폭력적이며 이기주의적인 이유는 오늘날 대다수 목회자들을 사로잡고 있는 교회 성장주의 신학의 당연한 결과이다. 교회 성장주의 신학은 토대가 4영리이며, 현관은 3박자 축복이며, 안방은 대속론이다. 그 결과 대다수 기독교인들은 1) 타 종교인들과 비종교인들을 멸시하는 배타주의와 독선, 2) "이 세상에서 축복(번영, 성공, 건강)받고 저 세상에서도 축복(영생)받는" 자기중심적인 가치관을 갖게 된다. 4영리의 목표(구원)는 죽음 이후의 영생이기 때문에, 신자들에 대한 하나님의 사랑을 객관화시키고 자동적인 것으로 만들며, 목회자는 예수에 대한 믿음과 교리만 강조할 뿐, 예수처럼 살아야 하는 본을 보일 필요가 없으며, 평신도의 신앙생활 목표는 자기 영혼 구원이기 때문에, 대속의 보혈을 흘린 예수의 팬(fan)이 되는 것으로 충분할 뿐이지, 예수를 따라 십자가를 지는 제자도는 필요 없게 만든다. 또한 "적극적 사고"에 입각한 3박자 축복은 "무한경쟁에서 승리할 수 있다는 믿음(라스베가스 영성)과 경쟁에서 탈

락한 사람들에게는 마음의 평화(백담사 영성)를 약속하는 것으로서, 목회자는 반드시 부자(대형 교회 담임)가 되어야 하며, 평신도 역시 자기중심적이며 이기주의적인 사람이 되기 십상이다.

또한 대속론의 핵심인 안셀무스의 만족설은 하나님께서 당신의 사랑으로 인간의 죄를 용서하기 위해 당신의 외아들을 십자가에 죽도록 만들어 몸값을 지불함으로써 하나님 자신의 정의/명예를 만족시켰다는 논리인데, 이것은 제1차 십자군 원정에 임박해서 만들어져, "그리스도의 군사들"을 전쟁에 동원하기 위한 신학적 수단이었다는 사실은 은폐된 채, 기독교를 내세지향적이며 체제 순응 종교로 만든다. 그 논리를 따르자면, 1) 예수의 죽음이 하나님의 계획이었기에, 예수와 예수를 죽인 자 모두 하나님의 뜻을 수행한 것이 되어 십자가 처형은 하나님이 주도한 폭력이 된다. 2) 예수의 생애와 가르침 가운데서 오직 죽음만 필요하게 된다. 예수는 비자발적인 꼭두각시인 셈이다. 즉 예수는 무고한 고통과 죽음에 자발적으로 복종하는 모델이다. 기독교가 마조히즘의 온상이 되는 이유다. 3) 하나님과 인간 사이의 관계는 천상에서 악마와의 거래, 즉 비역사적인 무대에서 거래되어, 추상적인 것으로 만들어졌기 때문에 사회적 불의는 외면하게 된다. 또한 믿음이 영생과 영벌을 가르는 기준이라는 점에서 기독교를 내세지향적 종교로 만든다. 특히 죄를 사회적 구조악보다 개인적인 죄의 차원으로 축소시킨다. 예수가 가르친 하나님 나라 복음을 개인주의적인 사죄의 복음으로 축소시키며 탈정치화시킨다.

결국 이처럼 1) 개인의 자기중심성과 가족/집단 이기주의를 극대화시키는 신앙과, 2) 현실 도피적이며 비주체적인 체제 순응의 종교는 "예수의 종교"가 아니다. 그것은 "예수에 관한 종교"의 타락한 형태로서, 예수의 삶과 가르침이 부재하거나 왜곡되어 있다. 4영리 목회나

3복 목회는 "예수에 관한 믿음"을 빙자한 "공포의 심리학 혹은 욕심의 전술일 뿐, 예수의 믿음과 삶과 가르침에 입각한 기독교 본래의 복음이 아니다"(홍정수). 예수께서 보여주신 목회(예수 목회)의 본은 공포가 아니라 자유에서, 그리고 경쟁적 욕심보다는 섬김과 연대에서 오는 큰 기쁨을 주는 것이었다.


## 생명평화신학을 구성하기 위한 생태신학적 성찰

생명계 전체에 대한 대량 파괴와 학살이 진행되고 있는 신생대의 마지막 단계에서 기독교 신학이 뼈아프게 반성해야 하는 문제는 "생태계 파괴가 왜 서양 기독교 문명권에서 비롯되었는가?" 하는 점이다 (Thomas Berry, *The Christian Future and the Fate of Earth*, 2009). 생명평화신학의 토대 역시 "새로운 우주 이야기"로 넓히고, 그 비전도 생태대 (Ecozoic)로 확장할 필요가 있다.

기독교 신학의 고유한 특징은 성육신론과 삼위일체론이며, 특히 개신교 신학은 중세기에 유럽을 휩쓸었던 흑사병의 공포 속에서 신과 인간 사이의 내면적(심리적) 관계에만 치중했다(루터). 따라서 개신교가 구원론에 집착해 왔으며, 또한 심리적 구원(영혼 구원)에만 몰입해 왔기 때문에, 공동체적 구원(정치 경제적 구원)과 생태적 구원이 간과되었고, 하나님의 "세계 수선"에 참여하기보다는 신자들의 자기 확장에 몰입하여 자기중심주의와 이기주의를 조장한 측면이 있다. 또한 과학기술의 발전과 산업화 과정 속에서 기독교의 영성 역시 토마스 아 켐피스(Thomas a Kempis, 1379-1471)의 《그리스도를 본받아》에서처럼 개인적이며 내면적인 영성에 머물렀을 따름이다. 특히 개신교 신학은 자폐증의 원천이었다는 비판을 피하기 어렵다. 토마스 베리의 지적처럼, "자신만의 세계에 갇혀 버리는 것, 다른 존재들과의 밀접한 관계로부터 단절되는 것, 상호 공존의 기쁨에 들어갈 수 없는 이런 상황들"은 "지옥의 본질"이다(《우주 이야기》, 2010, 134). 성육신론은 초자연적인 신이 자연 속에 성육함으로써 초자연은 자연 속에서 발견된다는 뜻이다. 신생대 마지막 단계에서 하나님은 우주 진화 과정의 영원한 실체인 지구로 고백할 수 있다(Lloyd Geering, *Coming Back to Earth: From gods, to God, to Gaia*, 2009). 또한 생태대로 출애굽하기 위한 삼위일체론은 우주와 생명사의 원리인 분화(다양성), 자기 조직(주체성), 친교(상호의존성)로 이해할 필요가 있다(토마스 베리,《신생대를 넘어 생태대로》, 2006). 신학의 기준은 특히 약한 생명체들이 "풍성한 생명"을 누리는 것이다.

## 앞으로 5년 이내에 모든 석탄화력 발전소들을 폐쇄하는 운동을 벌여야 하는 이유

미 항공우주국(NASA)에 따르면, 기온 관측이 시작된 1850년대 이후 지난 10년(2000-2009년)이 가장 더웠던 10년이었다. 또한 2010년 여름은 역사상 가장 더운 여름이었다. 유엔 산하 기후변화에관한정부간위원회(IPCC, Intergovernmental Panel on Climate Change)가 예상한 최악의 시나리오는 2030년까지 이산화탄소 배출량이 매년 2.5%씩 증가하는 것이었지만, 현실은 2000년 이후 매년 3.2%씩 증가하고 있어서, 최악의 시나리오보다 더욱 악화되고 있는 현실이다. 특히 바다가 대기 중의 온실가스를 흡수하여 산성화되는 속도는 예상보다 열 배나 빠른 것으로 확인되었고, 과거 80만 년의 어느 시기보다도 더욱 산성화되어, 2009년 여름에는 태평양의 굴 양식업에서 어린 굴이 80%가 폐사한 것으로 보고되었는데, 심해에서 올라오는 바닷물이 "어린 굴을 죽이기에 충분할 정도로 산성이 강한" 상태였기 때문이다 (Bill McKibben, *Eaarth: Making a Life on a Tough New Planet*, 2010). IPCC를 비롯해서 유럽 연합이 목표로 설정한 온도 상승 한계는 산업혁명 이전보다 섭씨 2도 이내로 상승하는 것이며, 그러기 위해서는 대기 중의 이산화탄소 농도가 450ppm을 넘지 않아야 한다. 그러나 이 목표를 달성할 가능성은 거의 없다. 왜냐하면 섭씨 2도 상승 이내로 제한하기 위해서는 선진국들이 2020년까지 온실 가스 배출량을 1990년 수준보다 25~40% 감축해야만 하는데, 전 세계적으로 온실 가스 배출량은 급격하게 증가하는 추세이며, 또한 미국의 오바마 정권이 출범한 직후 450ppm을 목표로 삼는 것은 정치적으로 불가능하다고 선언한 것처럼, 산업계와 투표자들로부터 극심한 반발을 불러일으키기 때문이다 (김준우, 《기후재앙에 대한 마지막 경고》, 2010).

2009년 9월 말에 전 세계의 기후학자들 100여 명이 옥스퍼드에 모여 사흘 동안 회합을 한 결과, 지구 평균 온도가 섭씨 4도 상승하는 것이 "가장 현실적"이라는 결론에 도달했다(Clive Hamilton, *Requiem for a Species*, 2010). 또한 온도 상승을 섭씨 4도 이내로 제한하기 위해서는 선진국들이 2015년에 온실가스 배출량 정점에 도달한 후 매년 3%씩 감축해야 하는 반면에, 개발도상국들은 2030년에 그 정점에 도달한 후 매년 3%씩 감축해야만 한다. 그러면 2060년이나 2070년에는 섭씨 4도 상승하게 된다는 예상이다. 문제는 선진국이든 개발도상국이든 경제성장주의에 사로잡혀 온실 가스 배출량 정점을 정하는 일에는 관심이 없을 뿐만 아니라, 온실 가스 배출량을 매년 3%는커녕 1%조차 줄이기가 쉽지 않다는 사실이다. 예를 들어, 1989년 베를린 장벽이 무너진 후 소련 경제가 거의 붕괴되었을 당시 10년 동안 소련의 경제가 절반으로 줄어들어 경제적인 궁핍과 사회적인 혼란이 만연했던 기간에 온실 가스 배출량은 매년 5.2% 감소되었다. 프랑스의 경우 1970년대 말부터 25년 동안 원자력 발전량을 40배 증가시키는 공격적인 프로그램을 진행했을 때도, 온실 가스 배출량은 25년 동안 매년 0.6% 감소하는 데 그쳤다. 영국의 경우에도 1990년대에 석탄을 가스로 대체했지만, 온실 가스 배출량은 10년 동안 1% 감소했을 따름이다.

결국 기후 재앙은 점차 더욱 악화하여 극심한 가뭄과 해수면 상승, 태풍과 집중호우, 식량난과 식수난, 폭동과 전쟁으로 이어져 지구를 "생지옥"으로 만들 가능성이 매우 높다. 그럼에도 불구하고 전 세계의 가장 큰 회사들은 석유 재벌들과 석탄 회사들, 자동차 제조 회사들은 화석 연료 사용으로 인한 막대한 이익을 유지하기 위해, 지난 30년 동안 각종 술책을 부려 왔다. 우선 기후 변화를 부인하고 의심하도록 만들기 위해 사이비 과학자들과 매스컴을 동원하여 사람들을 혼란스럽게 만들었다. 또한 매년 전 세계에서 100여 개의 대규모 석탄 화력발전소들이 건설되고 있는데, 시민들을 안심시키기 위해 흔히 내세우는 "청정 석탄"(clean coal)을 위한 "이산화탄소 집진 및 저장 기술"은 실제로는 연막전술에 불과하다. 첫째로, 미국과 오스트레일리아에서 정부가 수십 억 달러를 들여 개발하고 있는 이 기술은 실제로는 2030년에나 실용화할 수 있는 기술이며, 둘째로, 세계 석탄 화력발전소들이 배출하는 전체 이산화탄소량의 1/4을 집진하기 위해서만도 전 세계 원유 송유관의 두 배 크기의 파이프라인이 필요할 뿐 아니라, 셋째로, 비용 면에서 해저나 지하에 저장할 수 있는 대규모 저장고로부터 100 킬로미터 이내에 세워진 화력발전소에서나 가능한 일이기 때문이다. 이처럼 세계 최대의 회사들과 정치인들이 지난 30년 동안 기후 재앙을 부인하고 외면하고 지체하고 묵살하는 전략을 통해 막대한 이익을 챙기는 동안, 지구는 돌이킬 수 없을 정도로 파괴되었다. 지구 평균 온도와 해수면이 점차 상승하고 식량난과 식수난이 심해져도 부자들은 어떻게든 살아남을 것이지만, 가난한 사람들은 이번 세기가 끝날 때까지 수십억 명이 희생될 가능성이 매우 높다. 한 가닥 희망은 2015년까지 모든 석탄 화력발전소들을 폐쇄하고, 시급하게 태양 에너지와 풍력 에너지로 전환하는 것이다. 더군다나 한국의 온도 상승은 전 지구적인 상승폭에 비해 세 배에 가까우며, 한국의 대기 중 이산화탄소 농도 역시 세계에서 가장 높으며, 해수면 상승폭 역시 전 지구 해수면 상승폭보다 3배에 이른다. 독일, 스웨덴, 중국의 기후 정책에서 배우지 않고서는 민중들이 살아날 길이 없다. 독일은 지난 15년 동안 1만 9천기 이상의 풍차를 세워 이미 다섯 개의 원자력 발전소를 대신했다. 또한 스웨덴은 2020년까지 모든 화석 연료를 재생 에너지로 대체할 예정이다. 중국 남서부에 있는 인구 200만 명의 도시 쿤밍에는 태양열 시설이 없는 집이 더 이상 단 한 채도 없을 정도이다(프란츠 알트, 《지구의 미래》, 2010).


## 결론

신생대의 마지막 단계에서 우리 앞에 놓인 역사적 과제는 인류 역사상 전대미문의 과제이다. 또한 전 세계적인 죽임의 체제, 그 20대 80의 경제구조를 강화하기 위해 IMF, World Bank, Wall Street를 비롯해서 전 세계 제국들의 재무부와 국방부, 군산복합체들, 거대 석유회사들에는 수만 명의 박사학위 소지자들이 불철주야 노력하고 있다. 이처럼 엄청난 자본과 인적 자원, 군사력으로 무장한 제국들의 지배체제에 맞서서 싸울 하나님의 백성들은 "열매를 맺지 못한 무화과처럼" 백해 무익하게 된 기성교회(성전중보체제)가 "강도들의 소굴"로 변해 버린 현실 앞에서, 예수의 삶과 가르침을 살아 내는 일에 더욱 충실함으로써 희망을 만들어 나갈 것이 요청된다. 예수는 제국과 성전 종교의 브로커 체제에 맞서서 브로커 없는 공동체를 꿈꾸었다(존 도미닉 크로산). 세례 요한의 미륵하생신앙이 물거품이 되어 버리자, 예수는 미륵상생신앙을 가르쳤던 것으로 보인다. 이 대학살의 현실에서 기독교 신학이 공헌할 수 있는 것은 성서의 하나님은 창세기에서부터 요한계시록까지 철저하게 반제국주의 운동을 펼치며, 예수와 성령은 우리 자신들 속의 지배 문화, 곧 제국주의적인 생활 방식에 대한 유혹을 극복할 능력을 준다는 점이다. 영국의 종교철학자 돈 큐핏(Don Cupitt)은 19세기 이후 신학운동들을 검토하면서 "기독교는 개혁할 의지도 없으며, 에너지도 없다"고 지적했지만(예수 정신에 따른 기독교 개혁), 예수살기의 길은 소명만이 아니라 기쁨의 길이다(〈울지마 톤즈〉의 이태석 신부). 결국 기독교의 전통 교리들이 지적으로 정직하게 고백할 수 없는 난센스(nonsense)가 되어 버리고 목회자들의 세습과 감투싸움에서 보듯이 목회자 자신조차 배반하게 된 이유는 전통적 교리들을 "말이 되는 교리"이며 "살아낼 수 있는 교리"임을 보여 주지 못한 신학자들과 목회자들의 책임이 크다(홍정수, 《사도신경 살아내기》).

# 교회의 새로운 생태계로서 생명평화 교회

이원돈 목사(부천 새롬교회)

## 여는 이야기

이글은 산업화 시대의 패러다임인 대량 생산, 대량 소비, 대기업, 대교회가 일정 한계에 다다라 이제 생명평화의 새로운 패러다임과 생태계 교회의 탄생이 요청되고 있다는 전제로 그 이야기를 시작하고자 한다.

이를 위해 대형 교회의 메커니즘이 어떻게 형성되어져 있는지, 그리고 그러한 현실 속에 있는 작은 교회의 현실과 상황을 그리면서 미래 교회의 생태계를 그려 보고자 한다.

우리가 새로운 교회의 생태계를 생각할 때 가장 먼저 생각해야 할 것은 이제 교회를 지역과 사회에서 분리, 격리, 고립된 한 개교회의 단위로 생각해서는 안 될 것이라는 점이다. 이제 교회는 스스로 고립되고 자폐된 한 개체 교회로 생각하기보다는, 지역과 마을과 자연과 우주와 생태적으로 연결된 하나의 생태계로 보아야 한다는 것이다. 이제 교회는 더 이상 개교회 단위로 목회하고 선교하는 "개교회 단위의 교회"를 넘어서서 마을과 지역이라는 생태계 속에 함께 존재하는 교회가 되어야 한다. 목회자와 교인들은 개교회의 목회자와 교인을 넘어 지역과 마을을 목회하고 선교하는 지역 생명 목회자와 교인들로 적극 나서야 할 때이다. 그러므로 이제는 지역과 마을이라는 새로운 생태계 속에서의 교회의 모습을 그려야 할 때가 된 것이다.

우리는 이러한 개교회를 넘어선 지역과 마을 생태계의 단위로 목회하고 선교하는 생명평화 교회의 새로운 생태계의 가능성으로서 우선 지난 1980년대 민중교회의 민중선교인 지역아동센터가 만들어 낸 "복지-문화-학습-급식의 지역 전달체계"가 전국의 3000개의 지역 아동센터로 발전하면서 전국적인 지역 복지 생태계로 전환되는 과정을 살펴보고자 한다. 이러한 민중교회의 선교 사례를 통해 교회 선교를 통한 새로운 지역과 마을의 생태계의 성립 가능성을 살펴보고, 이러한 의미에서 민중교회가 그동안 지역에서 추구해 온 교회와 선교의 역사가 마을 생태계와 마을 만들기에 일정한 성과가 있으며, 이것의 시민사회와의 연대의 가능성을 중심으로 작은 교회의 대안적 새로운 생태계의 가능성을 제시해 보려 한다.

이와 더불어 지구촌의 기후와 환경 붕괴의 시대를 맞이하여 대량 생산과 대량 소비를 통해 생태계 파괴를 조장해 왔고 경제개발주의에 편승했던 교회성장 신학(성공/번영 신학)에 대한 반성과 회개의 촉구를 통해 새로운 생명 생태 평화 교회의 시급성을 제안하고, 이미 대량 생산, 대량 소비, 무한 경쟁과 무한 성장에 익숙한 대형 교회보다는 대안적 작은 교회들 가운데서 새로운 대안과 실천이 나온다는 사례를 통해 생명평화 교회의 수평적 연대를 통한 새로운 대안적 교회 생태계의 가능성과 필요성을 네 가지로 제안하고자 한다.


## 한국 교회 생태계의 위기: 사회로부터 고립과 자폐

지금 한국 교회의 최대의 위기는 바로 우리 교회가 사회로부터 고립되어 소통에 실패하였다는 데 있다.

오늘 한국 교회는 바로 성서의 골리앗과 같은 모습이다. 덩치는 크지만 지역과 사회로부터 고립되어 아무런 영향력도 미치지 못하는 고물로 취급되는 경향이 있다. 크기는 크지만 그 빛을 잃고 소금 맛을 잃어 사람들에게 미련하고 멍청하게 보이는 골리앗과 같은 모습이 오늘 우리 교회의 모습은 아닌가 반성하게 된다.

이러한 결과는 아무래도 교회가 '개교회 성장 중심의 교회 구조' 때문에 건물과 교인 수 등 양적 성장에 온갖 힘을 탈진할 정도로 다 쏟고 있기에, 새롭고 창조적인 목회와 선교를 생각할 겨를이 없었기 때문이 아닌가 한다.  또 이러한 개교회 성장주의가 지금 사회로부터도 영향력을 잃었을 뿐 아니라 목회자나 교인들도 탈진 상태에 이르게 하지 않았나 하는 반성도 하게 되는 것이다.

그러나 이제 이러한 시대는 가고 있다. 사회적으로도 지금은 크기를 중시하는 골리앗과 같은 아날로그형 대량 생산의 시대를 넘어서, 다윗과 같은 창조성과 상상력을 요구하는 다품종 소량 생산의 정보화 시대로 넘어가고 있다.

혹시 우리 교회만 낡은 산업화 시대의 대량 생산 체계를 닮은 대형 교회의 모습을 흠모하고 닮으려 하여 새로운 디지털 시대의 작고 빠르고 창조적인 교회의 모습을 상상하며 세상과 새로운 소통을 꿈꾸는 하나님의 일을 게을리 하고 있지는 않는지 생각해 볼 일이다.

이를 치유하기 위해서 한국교회는 교회의 개교회주의나 대형화에서 벗어나 세상과 적극적으로 소통하는 방법을 익혀야 하고, '산업화 시대의 개교회 성장 패러다임'을 넘어 정보화 시대에 창조적으로 지역과 소통하는 '지역 섬김형 생명 목회 패러다임'의 교회의 탄생을 기도해야 할 때이다.

## 1. 대형 교회 공룡 생태계의 형성과 몰락

대안은 부분적인 수정이 아니라, 새로운 교회의 생태계가 등장하여야 한다는 것이다. 맘몬 메가 처지의 낡은 메커니즘을 극복할 수 있는 새로운 교회 생태계의 등장이 요청된다. 그리고 그 생태계의 핵심 가치는 바로 생명과 평화가 되어야 한다.

이를 살펴보기 위해 먼저 기존 성장형 패러다임이 어떻게 한국 교회와 사회를 붕괴시켰는지에 대해 이야기하고, 새로운 생태계로서 생명 생태형 교회, 평화 교회에 대해 이야기하도록 하겠다.

한국 교회의 가장 큰 위기는 역설적으로 교회 성장주의가 가져왔다. 교회가 물량적 팽창주의로 치달으며 외적으로 대형화하려는 유혹을 갖는 데에 위기의 본질이 있다는 것이다.

소장파 신학자 신광은(43) 목사가 내놓은 책《메가처치 논박 – 나의 교회여, 크기에서 자유하라!》(도서출판 정연)는 한국 개신교의 문제점을 지적하는 숱한 책들 가운데 보기 드물게 교회의 대형화 문제를 정면으로 비판한다.

신 목사는 "한국 교회의 위기는 메가처치 현상에서 출발한다"며 "교회의 크기 문제를 다루지 않으면 한국 교회가 앓고 있는 질병을 제대로 진단해 치료할 수 없다"고 말했다.

 "교회의 성장주의나 영웅주의, 세속적 경영 등을 비판하는 목소리는 많지만 교회의 크기 자체는 문제 삼지 않았습니다. 대형화는 여러 문제점 중 하나로 언급만 되거나, 대형 교회에도 좋은 점이 있다거나 훌륭한 목사님이 많다는 등의 이야기들이었지요. 하지만, 교회의 대형화는 신학적으로도 교회가 하느님의 말씀과 멀어진 교회는 가장 본질적인 원인이 되고 있어 반드시 짚고 넘어가야 합니다." 김경호 목사는 이렇게 지적한다.


 "교회가, 다단계 판매 조직처럼 되어서, 중간관리자를 중심으로 움직입니다. 이러한 대교회주의는 지금 한국만큼 성공한 나라가 없습니다. 유럽에도 이렇게 큰 교회가 없고, 미국보다도 훨씬 더 신자유주의적입니다. 그러나 백화점이 한 개 들어오면 구멍가게 오륙백 개가 문을 닫는 것과 같이 큰 교회 하나가 생기면 주변에 작은 교회들이 문을 닫아야 합니다."


김경호 목사는 대형화를 반대할 이유들 다음과 같이 들고 있다.

1. 대형 교회는 자연히 태생적으로 보수화될 수밖에 없다.
2. 대형화된 교회는 사회정의나 지역사회의 문제에 관여하기가 구조적으로 어렵다.
3. 한 조사에 따르면, 대형 교회에 나가는 가장 큰 동기가 사회 저명 인사와 같이 사귈 수 있고 신분적 지위가 상승된다는 것이 첫 번째 동기였다.
4. 대형 교회를 찾는 또 다른 이유는 '익명성'이 보장된다는 것이다.

숭실대 구미정 교수는 대형 교회를 '강북형'과 '강남형'으로 나눈다. 그리고 강남형 대형 교회는 1970~80년대 개발독재 패러다임을 그대로 차용한 강북형 모델이 진화한 월마트형 후발 대형 교회로 보고 있다. 특히 강남형 교회 신도들의 70% 이상이 여성이라는 점과 기독교계 자기계발 서적의 주요 소비층이 여성이라는 사실에 주목한다. 그것은 (강남형 교회들이) 탈권위주의적인 조직 운영과 여성 친화적인 각종 프로그램을 통해 스스로를 자율적 주체로 간주하는 중산층 여성들의 종교 소비 욕구를 한껏 자극하기 때문이라는 것이다.

가히 마트형 대형 교회 등장에 작은 교회는 설자리를 잃어, '지역사회와 교회를 고사시키고 월마트형 교회와 패스트푸드 신자를 양산하는 한국 교회'라는 교계 신문의 표제가 현실화되어 가고 있는 것을 우리가 지금 직접 보고 있는 것이다.

"지금 한국 기독교는 이마트와 같은 대형할인점이 엄청난 자금과 노하우를 통해 지역 상권을 무력화한 것과 마찬가지로 신도시 대형교회들도 비슷한 전략을 통해 지역교회들을 고사시키고 있다. 결국 목회자들이 교인들에게 음식으로 얘기하면 햄버거 같은 정크 푸드(Junk Food)를 주는 셈인데 교인들 역시 그것을 받아먹는 데 개의치 않는 듯하다.

역사와 사회에 대한 책임은 눈곱만치도 없이 그저 미국식 성공을 강조하고 지역사회와 교회를 초토화하는 초대형교회들의 대형할인점식 선교 전략과 이에 편승하는 패스트푸드 신자들의 저급한 신앙관은 결국 한국 교회의 종말을 부추기고 있다."

- "월마트형 교회와 패스트푸드 신자 양산하는 한국교회", 〈오마이뉴스〉

이러한 기독교는 거기서 그치지 않고 최근 우파로 정치세력화까지

하고 있다.

　"개신교는 지난 30여 년간 급성장했다. 이렇게 클 수 있었던 것은 이전 정권의 영향력도 배제할 수는 없다. 또한 한국자본주의 성장, 경제성장 논리에 기독교 교회의 성장 논리, 즉 적극적인 사고와 자본주의 사회에서 내가 뭐든지 하면 그만큼 축복을 받고 보상을 받는다는 신앙적 사상과 맞아떨어졌기 때문이다. 이를 통해 대형교회로 성장했고 지금처럼 정치 세력화까지 꾀하게 된 것이라 본다."

- 〈스페셜 인터뷰〉 성공회대학교 신학과 김은규 교수

　그런데 한신대 김희헌 교수에 따르면 아이러니하게도 "성장주의를 동력으로 삼은 한국 개신교회는 지난 20년 동안 양적으로 감소하였고, 질적으로 추락하였다" 한다. 그리고 "80년대 후반 1,200만 성도수를 구가하였던 한국 개신교는 2005년 860만이라는 공식통계 앞에 굴복하고 말았다"는 것이다,

　이러한 결과는 "이제 성장주의적 목회방식은 그 유효성에서부터 분명히 의심을 받고 있지만, 더 주목해야 할 점은 그 모델로 이상화된 대표적 교회들이 한국 사회 속에서 받고 있는 현실적 평가이다. 성장 모델을 충분히 구현하여 충분히 (양적으로) 성장한 한국의 대표적인 교회들은 교회 내적으로는 유대감의 중심이기보다는 권력의 정점만을 보여 줄 뿐이요, 외적으로는 (사회과학적 기본 소양을 갖춘 사람들의 눈에는) 민족의 미래를 위해 사라져 줘야 할 대상으로 전락해 가고 있다"는 것이다.

　이는 이제 지난 30년을 주도해 왔던 대교회 중심의 교회 성장 패러다임과 그 생태계가 붕괴에 직면했고 새로운 패러다임과 생태계의 탄

생을 간절히 원하고 있음을 알리고 있는 것이다.

## 2. 새로운 신앙 생태계의 부활을 이야기할 때

### 1) 새로운 생태계의 가능성: 민중선교 지역아동센터에 나타난 한국 교회의 작은 개척교회의 생태계

〈뉴스앤조이〉에 실린 "개척 교회의 목사의 애환"(배종부 / 새성교회 목사)이라는 기사를 보면 개척 교회의 애환으로서 1) 물질적 애환과 2) 사람 없음에 대한 애환 그리고 3) 사회 현상에서 오는 애환을 이야기하면서 다음과 같은 이야기가 전개된다.

"이제 개척 교회 시대는 지나갔다. 이제는 정말 개척 교회는 안 된다. 지난날 한국 교회가 뿌려 놓은 병폐의 후유증을 고스란히 개척 교회들이 직격탄으로 맞고 있다. 개척 교회를 담임하는 목사들이 고스란히 그대로 당하고 있다는 말이다.

(1) 쓸 만한 사람은 이제 절대 개척 교회로 오지 않는다.

(2) 기복주의, 성공지상주의, 과시주의, 외형주의의 부산물인 쓰레기가 고스란히 개척 교회에 던져진다. 그러한 눈으로 보는 대부분의 사람들은 이미 개척 교회를 외면한다.

(3) 대형 교회들이 사회에 끼친 부정적 영향력이 그대로 개척 교회에는 쇠망치로 정수리를 내리치는 것 같이 치명적인 성장과 부흥의 걸림돌이 된다. 전도가 아예 안 된다.

한국 교회의 모판이요 뿌리인 개척 교회들은 철저히 외면당한다. 기성 교회 목사들이 외면해 버리고, 그나마 찾아와 주어야 할 성도들이 외면해 버린다.

예장통합 서울북노회 안에도 소위 미자립 상태인 개척형 교회가 1/3이
훨씬 넘는 40여 개에 육박한다. 노회에서 그들의 목소리는 철저하게 외면
당한다."


이러한 열악한 현실에서 작은 개척 교회의 현실 타개책으로 열렬히
호응을 받고 시행되는 프로그램이 바로 지역아동센터 선교 프로그램
이고 이러한 작은 개척 교회의 지역아동센터가 전체의 50~60%에
이른다. 그럼에도 불구하고 이제는 국가가 요구하는 일정 정도의 공간
과 규모와 시설을 확보하지 않으면 이러한 헝그리 정신도 펼칠 수 없는
상황을 맞이하고 있다.


### 2) 지역의 작은 개척 교회와 지역아동센터

2004년 1월 29일 개정된 아동복지법에 의해 지역아동센터가 법정
아동복지시설 중의 하나가 되는 결실로 나타났고, 이로서 지역아동센
터는 방과 후 학습과 급식과 인권의 최대의 복지 전달체계로 부각되기
시작하였다("복지-문화-학습-급식의 지역 전달체계").

지금 지역아동센터가 3000여 개가 생겨 전국의 도시와 마을마다
없는 곳이 없을 정도로 발전하고 국가의 아동 청소년 복지체계의 가장
중요한 전달체계로 부상하고 있는 이 시섬에서 우리가 한번 꼭 돌아보
아야 할 일이 있다,

지금은 국가의 아동 청소년 복지전달체계로 전국에 3000개가 넘는
최고의 국가 복지전달체계로 자리 잡은 지역아동센터는 사실 1980년
대 공단과 빈민촌으로 들어간 100여 개의 민중교회들이 맨 처음 세운
100여 개의 공부방 운동으로부터 시작된 작은 민중교회들의 지역 교
육복지 운동으로 시작된 것이었다. 지금은 이러한 민중교회가 시작한

공부방 운동이 전국적인 지역아동센터로 변신하면서 교회의 지역복지체계가 국가복지체계로 흡수된 것은 일면 어쩔 수 없는 상황을 반영한다. 하지만 이것을 감안하면서도 이제 이러한 과정 가운데 교회와 국가 간에 지역아동센터의 운영에 대해 여러 가지 문제가 발생하고 있는 작금의 현실을 볼 때 이제 우리 기독교 교계가 국가와 사회와 관계를 맺으면서도 독자적인 선교론의 입장을 정리할 때에 이르렀음을 알아야 한다.

오늘 지역아동센터의 문제점을 보면, 그 70~80%가 지역의 작은 개척 교회에서 이루어지고 있는 현실에서도 알 수 있듯이 지역아동센터의 문제 그것은 한국의 개척 교회의 현실이 고스란히 반영되고 있다.

이를 위해 한국 교회 안에 이 시대에 교회와 국가 그리고 시민사회의 관계를 잘 규명하고 잘 다룰 수 있는 권위 있는 에큐메니칼한 앤지오 선교 공공 신학과 기관이 탄생되어야 할 줄로 믿는다.*

---

* 지금은 교회와 시민사회와 정부 그리고 총회와 노회와 개교회를 잇는 생명선교 네트워크와 복지전달체계를 세울 때이다

① 지역사회의 가장 의미 있는 교육과 복지와 문화의 전달자로서 자리매김하고 있는 지역아동센터를 이제 국가에게만 맡기지 말고 국가와 시민사회와 우리 총회와 노회가 생명선교의 센터와 생명복지 전달체계로 연결해야 할 시점에 와 있는 것이다,

② 이를 위해서 이제 우리는 한편으로는 교회와 마을과 지역사회를 연결하고, 다른 한편으로는 노회와 시찰회와 개교회를 잇는 생명 네트워크와 파트너십을 통하여 생명을 살리는 생명교회, 생명목회, 생명선교를 시작해야 할 시점에 다다랐다.

③ 특별히 우리 지역 아동센터는 무엇보다도 먼저 마을에 뿌리를 내려야 한다(마을 만들기). 공부방의 교육은 마을 교육이어야 하고 이 마을 교육의 핵심은 지역의 학습 생태계를 만드는 것이다. 마을의 교사들은 교사 교육과 스스로의 성장 구조와 지역아동센터의 복지권, 교육권, 학습권, 시민권의 확보를 통해 앞으로 전개될 교육 자치 시대에 당당한 시민사회의 지역사회 교육기관과 평생학습기관으로 당당하게 서야 한다,

④ 에큐메니칼 차원의 대안 : 지금 한국 사회에서 가장 의미 있는 교육과 복지와 선교의 전달체계를 감당하고 있는 교회에서 운영하고 있는 지역아동센터를 위해 이제 교단과 교계의 에큐메니칼 기구의 대표성을 아우를 수 있고, 교회의 공공신학과 공공적 실천을

## 3. 새로운 생태계를 어떻게 형성해 나가야 할 것인가?

### 1) 민중교회의 민중선교의 전통을 살려 민중과 시민사회와의 선교 생태계를 연결해야!

1970년대 개혁의 견인차 역할을 했던 한국 교회가 1990년대 들어 ▲ 시민사회의 높은 규범적 기대를 충족시키지 못하고 시민시대를 따라가지 못하고 뒤쳐지기 시작 시민사회로부터의 소외 개혁과 손가락질의 대상이 되기 시작했다. 이것은 지금 우리 교회에 아주 중요한 시사점을 주고 있다. 이러한 때 민중교회 운동은 1980년대의 시대적 목소리는 교회 밖 기관이나 단체가 아닌 바로 교회와 지역의 현장에서 실현시키고자 일어난 운동이다. 그리고 이러한 과정에서 얻은 민중교회의 경험은 이제 민중교회가 몸담고 있는 지역사회와 시민사회뿐 아니라 한국 교회에도 굉장히 중요한 의미를 가지고 있다.

우리는 이러한 경험들을 적극적으로 다룰 필요가 있다, 그리고 민주화 세대를 넘어 정보화 지방화 세계화 시대의 시대와 교회의 대안을 제시할 수 있는 과정까지 우리의 교회적 선교적 지평을 열어가야 한다, 오늘날 한국 교회의 가장 중요한 선교적 과제는 새롭게 시대의 중심으로 부상하고 있는 시민사회와의 만남이다.

사실 민중교회는 지난 20년 동안 민중교회 운농을 통해 시역의 서민

---

협의 실천할 수 있도록 기독교 교계는 에큐메니칼 선교협의체를 구성하는 형식으로 적극적으로 나섬으로서 지역의 작은 개척 교회들이 투명성과 공정성을 잃지 않도록 재정적 선교적 협력 체계와 선교적 네트워크를 구성해 주어야 한다(예장 총회사회부 선교 현안 세미나 발표문; 이원돈 목사 중).

이제 우리 교계가 힘을 합하여 투명성과 공신력 사회성에 더욱 힘을 쏟고 교회의 것을 나누면 우리 교회와 지역사회와 시민사회가 발전하고 오히려 교회가 더욱 발전하고 더 많은 섬김의 기회가 온다는 공공신학을 강조할 때이다.

들과 함께 호흡하면서도 이러한 지역사회와 시민의 등장과 같은 호흡을 하고 그 시민사회의 등장에 한 몫을 감당하여 왔다.

(1) 민중교회의 회중 성장에 대한 평가가 상당히 비관적으로 그려지고 있는데 좀 더 깊은 고찰을 요한다고 생각한다,

민중교회는 1980년대 개척 교회로 출발한 것인데 1980년대 후반부터는 일반 도심의 중심에서 시작하는 교회들도 이미 교회 개척의 시대는 끝났다는 말이 있던 시대였다.

이미 한국 교회는 1980~90년대부터 교회의 개척에도 철저한 시장의 논리에 편입되기 시작하고 광범위하게 수평 이동이 시작되고 1990년도부터는 마이너스 성장을 시작한다. 그래서 상가에 세낸 교회는 성장하기 힘들고 목이 좋은 위치의 투자가 많이 된 교회 큰 교회에서 지원하는 교회들의 성장 이외에는 점점 교회의 수적 성장이 힘들어지는 시기였다는 것이다.

민중교회의 회중 성장사로만 본다면 교회 성장주의가 대세인 시대에 민중교회들은 가장 시장성이 없는 공단과 빈민지역에 세워진 교회들이었다는 것이다, 다시 말해 처음부터 의도적으로 수적 성장의 잠재력이 없는 곳에 찾아 들어간 교회들이다. 그리고 단순한 양적 수적 성장을 교회의 성장으로 보지 않는 신앙관을 가지고 있는 교회들이었다. 그리고 거의 외부적 지원이 없거나 오히려 비난이 있고 박해가 있는 상황 속에서 개척된 교회들이었다.

그리고 이러한 상황하에서 선교에 주력한 교회이기에 일반 성장형 교회들과는 다른 평가의 기준이 필요한 것 같다. 그렇기에 회중의 성장의 평가는 단순한 양적인 성장이 아니라 교회의 주체세력의 형성, 선교 마인드, 교육 마인드 등 질적인 성장에 대한 비전과 시장의 질서가 관통하는 세계에서 비시장적 논리와 대안적 신앙과 특별히 선교적

비전과 미래의 비전을 중심으로 가지고 개척한 교회들을 평가하는 객관적이고도 공평한 새로운 기준이 필요하다.

　　필자는 민중교회 운동의 가장 큰 장점은 후일에 아마 1980년대 민중교회가 한국 교회의 민중과 지역 선교의 부흥을 일으키고 한국 교회의 선교적 시각을 크게 넓혔다는 것으로 나오리라는 것이라고 생각한다. 우리는 민중교회 운동을 통해 1970~80년대의 한국 기독교 민주화 운동의 특성인 단순히 기구나 사건 중심적 기독교 운동에서 벗어나 왜 민중교회 운동이 사건과 살림살이가 어우러지는 민중교회론으로 전개되었으며 그러한 민중선교 운동은 1990~2000년 사이에 외국인, 노숙자, 실업자, 지역아동센터 등의 다양한 선교 형태로 역동적으로 다양화되었음을 봐야 한다. 그리고 이러한 민중교회 운동이 결국은 예수가정 운동, 노숙자, 쉼터, 공부방, 아동복지센터, 실업 극복, 이주노동자, 비정규 노동자 등 우리 한국 교회가 익숙한 사람만이 아닌 낯선 사람들인 민중과 다중과 시민과의 만남으로까지 귀결되어 갔다는 것을 알고 새로운 지역과 마을의 생태계 속에 뿌리를 내리는 교회가 요청되는 이 시기에 새로운 교회의 생태계로서 새롭게 조망해 볼 필요가 있다고 생각한다.*

---

* 〈민중과 시민사회의 만남의 사례〉, "민중 현장에서 시민사회와 네트워크 속으로 나가는 민중교회". 2000년 이후의 시기에는 부천의 마을마다 13개의 작은 마을 도서관이 형성되고, 처음의 4-5개의 지역아동센터가 40여 개 그리고 최근 60개로 확장되어 가는 지역아동센터의 변화를 보고 작은 마을 교회와 마을 도서관 그리고 마을의 지역아동센터의 중요성과 네트워크를 생각하게 되었다. 그리고 마을 단위로 작은 도서관, 지역아동센터, 작은 교회들이 평생학습이라는 고리로 연결될 수 있는 가능성을 보았다. 우리는 마을마다 동네마다 일어서는 부천의 작은 도서관 운동을 통해 마을과 시민의 힘을 배웠고, 부천의 서민 지역 곳곳에 자리 잡아 가는 부천 작은 공부방 운동을 통해 마을과 지역을 살리는 가장 중요한 교육과 복지 전달자가 누구인지를 보고 배울 수 있었다. 교회는 이러한 시민단체와 힘을 합쳐 도시와 마을의 환경교육/평생학습/마을인문학/마을 만들기 그리고 복지와 교

**2) 개교회 목회가 아닌 마을 생태계를 살리는 마을 목회와 선교가 이제는 시민
사회 생태계로 연결되어야!**

앞서 살펴본 대형 교회와 작은 교회들의 상황 그리고 민중교회의
출현과 지역사회에서 새로운 선교 생태계를 형성해 낸 민중 선교의
상황을 보면서 우리는 교회 안에 새로운 생태계의 맹아와 탄생 과정을
볼 수 있다고 생각한다.

우리가 새로운 교회의 생태계를 생각할 때 가정 먼저 생각해야 할
것이 이제 교회를 지역과 사회에서 분리·격리·고립된 한 개교회의
단위로 생각해서는 안 된다는 것이다. 이제 교회는 스스로 고립되고
자폐된 한 개체 교회로 생각하기보다는 지역과 마을과 자연과 우주와
생태적으로 연결된 하나의 생태계로 보아야 한다는 것이다.

편의상 먼저 지역과 마을의 생태계와 연결된 생명평화 교회를 이야
기하고 이어서 자연과 우주라는 생태계에 연결된 생명평화 교회를 이
야기함으로서 미래 교회의 새로운 생태계에 대하여 이야기해 보도록
하겠다.

새로운 교회의 생태계에서 이제 교회는 마을 속의 지역 속에 교회가
되어야 하고 목회자는 교회의 목회자인 동시에 지역과 마을을 목회하
는 지역 생명 목회자로 적극 나서야 한다.

우리는 지금 정보화 시대의 다품종 소생산 체제의 시대를 살고 있
다. 정보화 다품종 소생산의 시대의 미래 교회는 작고 영향력 있고
창조적인 다윗과 같은 교회가 될 가능성이 높다. 다윗과 같은 미래
교회들은 오직 하나님만을 믿는 믿음으로 두려움이 없는 작지만 아름

---

육의 그물망을 만드는 등 마을의 교회와 지역사회와 시민사회가 함께 마을과 시민사회의
꿈을 이루고 만들어 가고 있다.

답고, 작지만 자유롭고 창조적인 교회들을 의미한다.

이러한 다윗과 같은 교회들은 덩치는 작지만 수많은 작은 다윗들로 분화하기도 하고 다시 연합·연대하기를 자유자재로 하여 작지만 강력한 영향력과 힘을 발휘하는 네트워크의 힘을 발휘하는 교회가 될 것이다.

다윗처럼 작고 빠르고 새롭고 건강한 영성으로 충만한 창조적 작은 교회들이 지역을 파고들면서 실핏줄처럼 서로 연결되어 있을 때 여기에 미래 교회와 선교에 희망이 있는 것이다. 우리는 이것을 지역 섬김형 생명목회라가 이야기하고 싶다.

가장 중요한 것은 미래 교회는 교회와 마을과 지역을 잇는 영적인 동시에 복지·교육·문화적인 지역 생태계를 만드는 교회이어야 한다는 것이다. 마을 한가운데로 공부방, 도서관, 복지관, 주민자치센터 등의 복지 교육 생태계를 만들고 이러한 복지 문화적 생태계들을 교회의 영적 그물망과 서로 연결 소통할 때 교회는 마을과 지역을 살리는 영적 생명의 구원 망으로 다시 설 수 있을 것이다.

우리 작은 교회들은 교회 자체 안에 여러 가지 인프라나 사회적 자본이 없기에 교회 내부만을 바라보다 보면 자연적으로 절망하거나 좌절하기가 쉽다. 그러므로 우리 작은 교회들은 그러한 인프라나 사회적 자본을 지역사회와 시민사회에서 구해야 한다. 그래서 작은 교회일수록 지역사회의 교회가 되어야 하며 자신만을 위한 교회가 아니라 지역사회를 위한, 지역의 교회나 마을의 교회가 되어야 한다.

그러므로 목회자도 개교회 목사가 아니라 지역사회의 목사가 되어야 하며 지역사회에 있는 자원을 연결하고 동원하여 서로 상생해 나가는 새로운 목회와 교회상이 요청되는 것이다.*

요약하면 마을과 지역사회의 목회자와 교인으로 다시 태어나기, 이

것이 미래 교회와 지역사회의 핵심적 관계 설정이 아닐까 생각해 본다.

### 3) 이제 녹색 생명 생태 교회의 꿈을 꾸자! – 수평 연대에 기초한 대안교회 생태계의 형성

이제 한 개교회는 지역과 마을의 교회가 되고 교회의 목사도 마을과 지역단위로 목회를 해야 하고 교인들도 교회를 자기 교인들만이 모이는 교회가 아니라 지역과 마을 전체를 목회하고 선교하는 교회로 인식하는 새로운 패러다임의 교회의 탄생을 기도하며 이러한 생태적 교회

---

* "한국교회 교회 공공성의 회복을 위해 마을 만들기에 주목해야…" 교회의 지역사회 참여는 단순한 구제 및 봉사 차원이 아니라 사회 구조의 개혁을 지향해야 한다. 지역자치센터에 참여하여 예산 심의 등과 같은 주요 의사결정 과정에 관여하거나 행정기관 및 관공서와 파트너십을 갖고 지역사회를 위한 활동을 체계를 갖추어 지속할 필요가 있다. 시민사회의 역할은 자원봉사 차원만이 아니라 국가와 행정기구 또는 시장에 대한 비판 활동을 포함하기 때문이다. 이와 관련해서, 최근 시민사회에서 활발하게 논의되고 있는 '마을 만들기'(community building)에 주목할 필요가 있다. 이것은 이웃에 대한 배려와 관심으로 더불어 사는 공동체를 추구하는 운동이다. 곧 시민의식을 가지고 지역사회에 참여 하는 사람이 되도록 의식을 개혁하는 활동을 포함하여 지역 사회를 재구조화하기 위한 시도인 것이다. 이러한 마을 만들기 운동에 교회가 참여하는 것은 매우 의미가 크다. 시민의식은 기독교 정신과도 통하는 것이며, 특히 사람들의 의식을 형성하는 데 기독교의 가치를 지향할 수 있도록 협력할 수 있기 때문이다.

교회는 일차로 예배공동체의 성격을 지니고 있지만, 그와 동시에 사회 속에 존재하는 시민공동체이기도 하다. 하나의 의례 행위로서 예배에 참여하는 것으로 그칠 것이 아니라 실천 윤리의 행위 지향성이 삶의 무대인 사회생활에서 표출되어 나타나야 한다. 특히 한국 교회는 개교해 내부 결속력은 강하지만, 다른 교회와의 협력이나 지역사회에서의 연계 활동은 부족하므로 이에 대한 노력이 더욱 절실한 상황이다. 교회가 지니고 있는 물질과 제도 자원이 지역사회를 위해 효과 있게 활용될 뿐만 아니라 교회 구성원들이 지역사회 구성원으로서의 정체성을 가지고 적극적으로 참여해야 한다. 그리고 뜻을 같이 하는 다른 교회나 시민 단체들과 협력해야 한다. 그렇게 될 때, 시민공동체가 활성화되고 지역사회가 기독교의 가치를 지향하게 될 뿐만 아니라 교회의 공신력도 회복하게 될 것이다.

– 정재영(실천신학대학원대학교/종교사회학), 〈새가정〉 2007 12월호

가 단순히 지역과 마을의 교회가 아니라 우주와 자연 생태계와의 관계 속에 어떻게 새로운 생명과 평화의 교회로 자리 매김 되어야 하는가에 대해 이야기해 보도록 하겠다.

얼마 전까지만 해도 생태계와 환경 문제는 그리 절실한 이슈가 아니었다. 지구 온난화를 이야기하면 코웃음 치는 사람들도 있었다. 현재 겪고 있는 기후 변화 위기는 돌이킬 수 없는 위기다. 현재 위기의 심각성은 우리에게 주어진 시간이 매우 촉박하다는 사실을 일깨워 준다. 앞으로 몇 년이 "마지막 기회"라는 경고는 단순히 과학자들의 경고라기보다는 종교인들에게는 하늘이 우리에게 내리는 엄중한 경고로 볼 수 있다. 그만큼 시간이 촉박하다. 김준우 교수는 예수목회의 시급성을 다음과 같이 정의한다.

(1) 생명 중심의 세계관은 예수의 하나님 나라 복음의 관점에서 신자유주의적 시장 자본주의에 대한 철저한 비판적인 입장을 필요로 한다. 우선 대량 생산과 대량 소비를 통해 생태계 파괴를 조장해 왔던 경제개발주의에 편승했던 교회성장신학(성공/번영 신학)에 대한 반성과 회개가 필요하다.

(2) 우선 교회가 감당해야 할 일차적인 사명은 교회성장목회의 핵심 내용이었던 개인 영혼 구원 중심의 내세주의, 인간중심주의, 성공과 번영이라는 물질적 축복 중심주의의 온갖 비복음적 요소들과 폐해를 극복하고, 생명 중심의 세계관과 가치관을 뿌리내리는 운동을 전개하는 일이라 생각한다.

(3) 다음 세대를 위한 목회는 예수의 하나님 나라 운동이 당시 3중,

4중의 착취구조로 인해 무너져 내리던 마을공동체를 회복시키는 운동이었다는 사실에 근거하여, 이 시대에 생태마을공동체를 건설하는 길은 예수 운동에 동참하는 길이라고 생각하기 때문이다.

(4) 그리고 생명평화 교회는 교회가 사회 성찰 불길을 끌어올리는 역할 해야 한다.

"기후 변화에 대해 교회가 신앙적 성찰을 통해 삶의 양식을 바꾸고 지역사회를 변화시키며 사회가 성찰할 수 있도록 불길을 끌어올리는 중요한 역할을 해야 한다"고 강조했다.

이처럼 지역 섬김형 생명목회를 하기 위해서는 우리의 목회와 선교의 영역을 교회에서 가정과 마을과 지역과 시민사회로 그리고 자연과 우주의 생태계까지 넓혀야 한다. 지금 우리 교회는 특별히 국가가 영향을 미치지 못하는 새로운 영역에 오히려 우리 교회가 민간의 안전망과 복지망과 선교망이 되어 해체된 가족들과 양극화 빈곤화의 사각지대에 있는 우리 이웃들에게 가장 먼저 손을 뻗을 때이다. 양과 규모와 크기를 숭상하던 산업화 시대 이후 새로운 생명 생태 시대에는 마을을 기반으로 한 작은 교회들의 생명평화적 수평 연대가 무엇보다 중요하다.

그런데 이미 대형화된 교회, 대형 교회를 지향하는 교회는 이러한 새로운 생태계에 적극 참여하기가 어렵다, 이미 산업화의 경쟁과 크기에 종속되어 있기에 전환이 힘들다는 것이다. 그러므로 이러한 새로운 생태계에서 지역과 시민사회에 뿌리를 내린 작은 교회들의 수평적 연대가 결정적으로 중요하다는 것이다.*

---

* 〈기후변화에 관한 시대적, 신학적 성찰을 이야기하다는 기독교환경운동 정책 세미나〉(12

한 달에 한 번씩 차 없는 주일을 지키고 있고, 교회 주차장을 생태공원으로 바꾸고. 태양광 발전기를 달아 교회가 쓰는 에너지보다 더 많은 전기를 생산해 오히려 수익을 올리고 있는 교회들이 대부분 작은 교회라고 한다. 이외에도 회색 도시에서 교회만이라도 녹색 공간을 이뤄내려는 의지를 갖고 교회 담장을 헐고 나무 울타리를 만들거나 마당과 옥상에 정원을 짓는 교회들. 이 자투리땅에 나무와 꽃을 가꾸고 있다. 마당이 없는 교회는 옥상에라도 작은 녹지를 만들고 있는 교회, 자전거 타기 운동 실시, 환경수련회와 녹색장터 운영 등 조금씩 활발한 환경운동을 펼치고 녹색가게를 열어 자원을 재활용하는 운동을 실천하는 등도 주로 작은 교회들이 일을 내고 있다고 한다.

이것은 이미 작은 교회의 생명적 연대 안에 무한경쟁을 기초로 한 산업사회의 약육강식의 모델을 넘어설 수 있는 새로운 생태계의 가능성이 내재됨을 의미한다. 작은 교회들이 새로운 생명적 생태계에 대한 꿈을 가지고 수평적 연대를 지향한다면 무한경쟁 그리고 포스트 포디즘과 같은 후기 산업사회의 대형 마트, 대형 기업, 대형 교회의 논리를 넘어설 수 있음을 의미한다.

이처럼 미래 교회의 교회 목회자는 단순히 자신의 교회나 교인들만을 대상으로 목회하는 것이 아니라 마을을 대상으로 목회를 해야 하고 마을의 목사가 되어야 한다. 그래서 인간의 환경만 아니라 빈부 격차, 생태계 파괴, 물질 숭배주의 등을 심화시킨 신자유주의 경제 세계화를

---

월 19일)에서 나온 이야기에 의하면 요즘 대형 교회들을 비롯한 많은 교회들이 기독교환경운동연대의 제안에 그리 달갑지만은 않은 시선을 보낸다 한다. 차 없는 주일을 제안하면 교인이 안 올 것이라고 꺼리고, 에너지 문제에서는 한술 더해 난방과 에어컨은 빵빵하게 틀어놓고, 조명과 스피커도 최대한 밝고 좋아야 설교가 잘 들어온다고 하지만 오히려 작은 교회 곳곳에서 작은 변화가 이미 시작되었다고 한다.

극복하면서 정치적으로는 냉전적 극보수의 논리를 넘어서 평화의 생태계를 만들어 가는 교회가 됨을 의미하고 자연과 우주까지 포함한 대안적 생명과 생태와 녹색의 생태계를 만드는 것을 의미한다.

만일 우리가 개교회만의 교회나 목회자가 아니라 마을과 지역사회와 생명적으로 연결된 마을의 교회와 목회자로 다시 탄생하게 된다면 우리는 하나님의 영적·물적 새로운 자원을 발견하게 된다. 이때 목사는 개교회의 목사를 넘어 지역사회의 목사로 전환하며 생명목회를 시작할 수 있고, 교인들도 지역사회를 섬기는 창조적이고 역동적인 생명의 교인들로 거듭나며 우리의 목회와 선교 지평은 활짝 열리고, 우리는 단순히 고립된 개교회만의 목회자가 아니라 마을과 지역사회 그리고 자연과 우주 생명과 호흡하는 목회자와 교인으로 다시 탄생하게 되는 것이다.


## 결론: 대안 생태계로서의 생명평화 교회

대안은 부분적인 수정이 아니라 새로운 교회의 생태계가 등장하여야 한다. 맘몬 메가 처지의 생태계를 새롭게 할 수 있는 새로운 교회의 생태계의 등장이 요청된다. 그런데 그 생태계의 핵심 가치가 바로 생명과 평화가 되어야 한다.

이미 대형화된 교회들은 산업화의 대량 생산, 대량 소비, 크기와 경쟁의 논리에 너무 익숙하기에 새로운 생태계를 구성하는 데 맞지 않고 오히려 방해가 될 가능성이 높다. 생명평화의 새로운 생태계는 작은 대안적 교회로부터 출발해야 할 것이다. 그리고 산업화 시대의 무한경쟁, 무한 성장 논리를 회개한 중형·대형 교회와의 연대로 차츰 그 수평 연대의 지평을 넓혀 나가야 할 것이다.

한국 교회가 이처럼 생명평화에 기초한 새로운 생태계를 형성할 때에만 한국 교회의 지역사회의 대형·중형·소형 교회들이 각 도시와 마을과 교회를 잇는 복지, 교육, 문화 선교의 그물망으로 서로를 연결하며 큰 교회와 중형교회 작은 교회가 서로의 우열을 앞세우는 관계가 아니라 서로가 서로를 파트너로 삼는 생명선교와 생명목회의 동반자가 되어 마을을 살리고 도시를 살리고 자연과 생태계를 살리는 서로 상생하는 생명교회들로 거듭날 줄로 믿는다.

이러한 대안적 생명평화 교회의 생태계의 확산을 위해 작은 교회의 수평적 연대에는 네 가지의 원칙이 필요하다는 이야기로 이야기를 마치려고 하다,

첫째, 이러한 생명적 평화교회를 추구하는 작은 교회는 그 교회의 목회와 선교의 단위를 개교해 단위로 자폐된 교회가 아니라 반드시 지역과 마을을 교회의 생태계로 삼는 교회가 되어야 한다.

둘째, 시민사회가 중요하다. 생명평화 교회는 반드시 시민사회와 물적·인적인 교류가 있으며 냉전과 분단적 사고를 넘어서는 시민사회와 함께 생명평화 생태계를 형성해 나가는 교회들이 되어야 한다.

셋째, 생명평화 교회의 생태계에는 반드시 자연과 환경 기후와 같은 지구촌과 우주의 생태계와 소통하며 그것을 교회의 자연스러운 한 생태계로 받아들이고 이러한 생명평화 생태계를 유지하기 위한 신앙고백과 신앙적 실천이 있는 교회들이 되어야 한다.

　마지막으로 생명평화 교회는 교회의 목회자로부터 평신도 그리고 인간으로부터 자연까지 새로운 생태계를 회복하기 위해 반드시 수평적 연대의식을 자진 교회들이 되어 교회와 지역사회와 교회와 시민사회뿐만 아니라 목회자 평신도 지역주민들이 서로 소통하고 연대하며 죽어 가는 지역과 마을과 지구촌을 회복하는 새로운 생태계를 형성해 나가는 생명적 대안 생태계가 되어야 할 줄로 믿는다.

# "교회의 새로운 생태계로서의 생명평화 교회" 논평

김경호 목사(들꽃향린교회, 예수살기 교육·영성위원장)

이원돈은 새로운 생태계로서의 생명평화 교회를 제안한다. 그는 "새로운 교회는 지역과 사회에서 분리 격리 고립된 한 개교회, 자폐된 한 개체 교회를 벗어나 지역과 마을과 자연과 우주와 생태적으로 연결된 하나의 생태계로 보아야 한다"는 것이다. 그의 이러한 목회의 구상은 두 가지 영역을 가진다.

첫째, 지역과 마을로 확장된 목회의 영역이다.

이것은 그가 오랫동안 몸으로 체험한 민중교회 목회와 지역아동센터와 공부방 등 지역주민들을 섬기는 목회의 경험에서 무르익은 것이다. 이원돈은 이런 목회 경험이 개교회에 머무를 것이 아니라 교회 간의 연대, 시민사회 단체 간의 연대, 나아가 기업 및 국가와의 연대까지도 원활하게 엮고 중재할 수 있는 에큐메니칼한 NGO 선교를 위한 공공 신학과 기관이 탄생될 것을 제안하였다.

이러한 제안은 오랜 현장 경험에서 나오는 실제적이고 매우 유용한 대안적 제안이다. 필자 역시 교회에서 운영하는 공부방을 운영한 경험을 가지고 있는데 개교회가 각자가 알아서 지역사회, 복지기관, 기업, 시민단체 등과 연대하는 것이 매우 벅찼다. 이런 단체가 생길 경우

1) 기관과 기업, 공공의 사회 복지망과 연대 등을 알선도 해 주어 서비스의 질을 높이고 운영을 원활하게 할 수 있다.

2) 각자 교회가 가지고 있는 공간을 지역사회를 위해 활용하는 목회가 되도록 권장하고 유도하여 목회 효용성을 극대화할 수 있다.

3) 연대된 힘으로 교회가 가진 사회 정치적 입장도 보호할 수 있다. 개교회가 기관이나 정부를 상대할 때, 지원금을 담보로 활동을 제한받거나 어떤 정치적으로 위축될 수 있는데 그런 약점을 보호하며 생명, 평화의 목회를 지킬 수 있다.

4) 기독교에 대한 대 사회적 이미지를 높여 선교에 좋은 여건을 조성할 수 있다.

이런 목적을 위해 발제자가 제안한 연대체 구상에 적극적으로 공감한다.

두 번째의 영역은 자연과 우주와 생태적으로 연결된 교회이다.

발제자가 이에 대해 구체적으로 제안하는 것은 기독교환경연대가 제안한 녹색교회의 이상들이다. 한 달에 한 번씩 차 없는 주일, 교회 주차장을 생태공원으로 바꾸고. 태양광 발전기를 달아 교회가 쓰는 에너지보다 더 많은 전기를 생산하는 교회, 회색 도시에서 교회만이라도 녹색 공간을 이뤄 내려는 의지를 갖고 교회 담장을 헐고 나무 울타리를 만들거나 마당과 옥상에 정원을 만들고 자투리땅에 나무와 꽃을 가꾸는 교회, 마당이 없는 교회는 옥상에라도 작은 녹지를 만들고 있

는 교회, 자전거 타기 운동 실시, 환경수련회와 녹색장터 운영 등 조금씩 활발한 환경운동을 펼치고 녹색가게를 열어 자원을 재활용하는 운동을 실천하는 등을 예로 들어 소개하고 있다.

첫 번째 영역에 대해서는 발제자의 오랜 경험을 통해 현실을 꿰뚫는 통찰과 대안까지도 제시하고 있지만 두 번째 영역에 대해서는 좀 더 구체적으로 확장시켜야 할 과제들이 많이 있다. 두 번째 영역에 대해 "새로운 생태계로서의 생명평화 교회"라는 신선하고 멋있는 제목을 보충하기 위한 논찬자의 생각을 보태 본다.

1. "새로운 생태계로서의 생명과 평화 신학, 또는 교회"는 이제까지 인간을 중심하는 신학, 인간, 사회, 역사를 중심으로 하는 신학과는 전혀 다른 패러다임을 갖는 신학적 전환이고 혁명이다. 인간을 중심으로 구원과 해방을 말하는 신학이 하나님의 여섯째 날 마지막 피조물(인간)에 대한 구원만을 이야기해 왔다면 생명을 주제로 한 신학은 하나님의 전 피조물의 구원을 말하며 우리와는 다른 언어를 가지고 있는 자연, 식물, 동물 등 모든 생명체의 생명과 구원을 대변하는 신학이 되어야 한다.

이러한 패러다임의 전환은 그동안 기독교 신학이 발전시켜 왔던 모든 신학적 전통들에 대한 새로운 조명과 뒤집어 보는 시각적 전환이 요청된다. 교회는 이러한 전환을 위해 새로운 담론을 형성하고 서로의 상상력을 창발할 수 있는 장이 되어야 한다.

2. "새로운 생태계로서의 생명평화 교회"를 위해서 꼭 자연을 소재로 한 행위만을 생각할 필요는 없다. 삶의 과정을 함께 하는 것을 추구해야 한다.

교회에 있어서 대량 생산, 대량 소비 문화의 성장주의만이 문제가 되는 것이 아니다. 우리의 생활 전반이 대량 생산된 상품을 소비하고 그것을 계속 찍어 내야 하는 산업구조를 가지고 있다. 이러한 시장경제 체제는 필연코 과잉 생산과 자연에 대한 착취가 가속화될 수밖에 없다. 우리는 이와 맞서는 대안적 삶의 구조를 만들고 우리 생활에 필요한 완성된 결과물(상품)을 화폐라는 만능의 권력을 이용하여 사들이는 것으로 기쁨을 삼는 삶의 구조를 바꾸어야 한다. 함께 모여 우리 손으로 빚고, 짓고, 만드는 기쁨, 그 과정에서 서로 하나가 되어 가는 기쁨을 되살리는 삶의 개혁이 필요하고 이러한 삶의 과정 하나하나가 모두 목회와 교회의 프로그램이 될 수 있다. 이것은 단지 성경공부나 토론 등 단지 지적인 활동에 치우쳐 있는 목회보다는 함께 음식을 만들고, 옷도 지어 보고, 공동작업도 해 나가며 새로운 삶의 패러다임을 익혀 가는 모든 대안적 삶의 나눔이 "새로운 생태계로서의 생명평화 교회"의 새로운 목회가 될 수 있을 것이다. 한 예로 들꽃향린교회는 "아빠가 만드는 밥상" "부모가 만든 성탄 선물" "남녀 청년의 면 생리대 만들기" "우리 장 – 간장, 된장, 고추장 담그기" "계절에 맞는 우리 떡 만들기" "남정네들의 옷 만들기" 등을 목회 프로그램으로 진행한다.

3. "새로운 생태계로서의 생명평화 교회"는 적게 쓰고 적게 소비하는 운동, 근검절약하며 최소한의 물질로 살아가기를 해야 한다.

베르자예프는 "최소한의 물질은 물질이 아니고 정신이다"고 한다 (이정배, 《생태영성과 기독교의 재주체화》, 동연, 2010, 78). 최소한의 물질은 물질이 아니고 영성이다. 부족함과 친해지는 훈련, 결핍 속에서 하나님을 만나는 영성, 자발적 결핍 속에서 만족하고 감사하는 생활, 자

발적 결핍으로 남는 것을 이웃과 나누기 등이 우리의 새로운 영성 훈련
이 되어야 하며 새로운 교회의 목회가 되어야 한다.

# 기독교 생명평화 운동의
# 선교론 수립을 위하여

윤인중 목사(인천평화교회)

2010년 6월 24일 감신대에서 열렸던 선언위원대회 2차 워크숍에서 주발제자로 나선 김영철 목사는 '생명과 평화를 위한 기독교 운동'을 제안하면서, 생명평화신학(이론적 측면), 생명평화교회론(주체 또는 조직론), 생명평화선교론(실천적 측면)의 수립과 그에 기초한 실천 활동의 필요성을 역설했다. 시의적절한 지적이었고, 제안이었다. 필자에게 주어진 과제는 '기독교 생명평화 운동'의 선교론을 정리하라는 것인데, 아주 버거운 일이었다. 고심 끝에 '나의 개별적 경험과 고민'을 정리하는 형태로 주어진 과제를 수행하는 것이 도움이 되겠다는 생각이다.

## 이야기 하나 : 생명평화기독연대(인천)의 경험

개신교 운동의 핵심은 평신도 운동이 살아 있느냐에 달려 있다. 개신교 목회자 운동의 바람직한 모습은 '종으로서의 목회와 사역'이 아닌 가?

2003년 말부터 인천 지역에서 민중교회 운동을 해 오던 목회자 몇 명이 모이기 시작해서 2004년 10월 생명평화기독연대가 창립되었는데, 그 이야기로부터 논의의 물꼬를 열기로 한다. 그때의 생각은 이런 것이었다. 인천 지역에서(다른 지역도 비슷한 처지이겠지만) 기독운동이 바닥을 쳤다. 더 이상 내려갈 곳이 없다. 몸담았던 민중교회 운동 역시 깊은 수렁에 빠진 듯 답답한 형편이었다. 무엇인가 복원해야 한다. 특별히 '미선이와 효순이의 안타까운 죽음 앞에서' '미국의 야만적인 이라크 침공 앞에서' 무기력하기만 한 교회와 기독교의 모습은 문제가 있다. 이 시대 기독인의 사명이 있다면 '평화운동'을 하는 것이다. 거기에 우리의 구체적인 일상생활 속에서 생태의 가치를 존중하는 길이 중요하다는 마음이 곁들여진 것이다. '평화와 생태'의 가치를 중심으로 기독사회운동을 활성화시킨다는 대략적인 방향이 결정된 것이다. 그래서 1970, 80년대 기독운동의 경험을 가진 사람들을 만남으로 초동주체를 형성한다. 한 사람 한 사람 성실히 조직하자. 무리하게 일을 하지 않는다. 2~3년 정도 준비 기간을 갖고, 일정한 힘(회원 100여 명 정도와 전임 실무자 2인)이 모아지면 본격적인 활동을 전개한다. 목회자와 평신도가 함께 하는 모임을 만들되, 평신도 중심의 운동이 되도록 목회자는 봉사한다. 청소년과 대학생, 교회 청년을 중심으로 기독사회운동의 주체를 형성하기 위한 노력을 한다. 이러한 과정을 통하여 배출된 역량을 근거로 교회와 학원 현장에 진보적인 기독운동의 공동체를 형성하여 교회개혁운동을 전개한다. 생명평화기독연대의 지역적 확산을 도모한다 등의 참으로 소박한 구상 속에서 모임을 시작한 것이다. 현재 회원은 40여 명, 후원회원 20여 명, 반상근 실무자 1인,

후원 교회 7개 교회, 월 재정은 200만 원 정도로 운영되고 있다. 회원은 민중교회 목회자(대부분 기장 소속)와 교인, 산선과 EYC, 기독학생운동을 경험한 평신도, YMCA 실무자 등으로 구성되어 있다. 월 1회 정기 포럼을 진행하며(15명 정도 참석), 주요 사업으로는 아이들이 만드는 평화의 나라 사업과(무기 장난감을 평화의 선물로 바꿔주기) 한강 하구 평화의 배 띄우기 사업, 경인운하 대책 사업, 계양산 골프장 저지와 시민 공원 조성을 위한 활동, 4대강 사업 중단을 위한 촛불기도회(월 1회), 정기수련회(겨울 침묵 수련, 애니어그램 강좌) 등을 들 수 있다.

창립 이후 그리 길지 않은 기간을 경과했지만 몇 가지 문제점이 노출되기 시작한다. 기독운동의 독특성을 풍기는 사업이 부재하다(지역시민사회와의 연대활동에 비하여). 회원들의 참여도 수동적이다. 20대, 30대 초반 회원은 전무한 상태다. 평신도 중심의 운동이 아니라 소수 목회자 중심으로 운영된다. 여성 회원이 거의 없다. 목회자의 구성에서 보듯이 에큐메니칼 운동으로서 면모는 부각되지 못하고 있다. 창립 이후 7년이라는 상당한 기간이 흘렀음에도 불구하고, '생명과 평화의 가치'를 중심으로 한 인천 지역 기독운동은 그리 높은 평가를 받기 힘든 형편에 있다. 그래도 주목할 것은 '아주 느리고 더딘 진전 과정'에서도 이 운동과 조직의 필요성(사명감)을 인지하고 있는 평신도 회원들이 늘어가고 있다는 점과, 평신도들이 조직의 실제적인 지도력(공동대표)으로 등장한 이후 조직이 그 이전보다 훨씬 활성화되어 가고 있다는 점이다.

# 이야기 둘: 계양산 숲 생활을 통한 체험과 깨달음 몇 가지

'아주 특별한 여행'을 경험했었다. 2006년 12월 20일(수) 계양산 소나무 위*로 올라가 2007년 5월 23일(수)에 내려오기까지 155일의 기간을 나는 '아주 특별한 여행'이라 부른다. 롯데건설이 시행하려는 골프장 건설에 반대하는 싸움의 현장에서 보낸 기간이었지만, 선교활동(운동, 투쟁)과 수련, 쉼이 어우러진 독특하고 복합적인 현장이었다.

## 1. 공동체(교회)의 의미

지금도 선명하게 기억되는 한 장면이 있다. 2007년 1월, 비가 소나무 숲에 내렸다. 겨울비 치고는 꽤 내렸던 것으로 기억한다. 빗물이 천막 안으로 들이치면 침낭이 젖기에, 겉 천막을 닫아야 한다. 0.5평 정도 되는 1인용 천막은 가부좌하고 앉으면 머리가 닿을 정도로 작아서 1시간에 10분은 일어서서 몸을 펴는 운동을 하곤 했다. 비가 들이치더라도 어쩔 수 없이 천막 밖으로 나가 구부정한 자세를 바로 펴고 비오는 숲을 보는데, 그때 깜짝 놀랐다. 전율이 느껴지고 벅찬 감동에 젖어들었다. 겨울비가 주룩주룩 내리는데, 소나무들이 그 자리에서 아무 소리 없이, 아무 군말 없이, 아무 뒷말 없이 비를 맞는 모습이 눈에 들어온 것이다. '얼마나 추울까?' 하는 생각도 들었지만, 오랜 시간을, 어느 나무 하나 도망치지 않고, 온 몸으로 비를 맞는 모습이, 아니 비를 맞이하는 모습이 그 자체로 거룩하게 느껴졌다. 비에 흠뻑

---

* 계양산 북사면 소나무 군락지는 대략 20m-25m 크기의 소나무 수천 그루가 숲을 이루고 있는데, 그 가운데 소나무 세 그루의 허리 부근(높이 12m 정도)에 대나무를 엮어 기초를 놓고, 그 위에 베니어판(가로 90cm, 세로180cm) 3장을 얹어서 1인용 텐트를 친 것이다.

젖어 있는 소나무들은 '더불어 숲'을 이루고 있었다. 마치 하늘을 향하여 서서 기도하는 수도사들의 모습이었다. 사람숲(공동체, 가족, 친구, 교회, 사회)은 저럴까? 나는 어찌 살아왔나? 이런 자책과 반성이 들었다. 소나무 어느 나무 하나 그 자리를 벗어나지 않고, 도망가지 않고 제 자리에 서서 묵묵하게 겨울비를 맞는 모습, 그리고 아무 소리가 나지 않는 정경을 보면서 예수와 초대 교회 공동체 사이의 연관과 일치를 맛보았다. 소나무 친구*들 사이에서 지내면서 배운 아주 소박하지만, 깊이 뇌리에 남는 대목이다.

## 2. '수행과 운동의 일치' : 평화의 감수성 회복과 영성훈련

10여 년 전 열렸던 광주비엔날레의 주제는 'Stop and pause(멈추어서 잠시 쉬라)'였다. 그 문구가 참 마음에 닿았다. 잠시 물러나야 이루어다. 쉼(피정)의 중요성은 바쁜 움직임(행동)만큼이나 요긴한 것이다. 그동안 운동(선교활동)은 '정(靜)'의 가치보다는 '동(動)'의 가치를 우선시 했다. 그만큼 '정(靜)'의 가치를 등한시해 오지 않았는가? '성찰'이란 '치열한 투쟁'(실천의 차원)과 '비판과 자기비판'(이성의 차원)의 과정으로서도 오겠지만, '잠시 멈춤, 쉼, 찬찬히 돌아봄, 깊은 묵상'(종교적 영성 수련)을 통해서 더욱 그윽해질 것이다. 숲 속의 생활을 통하여 더욱 절실하게 느낀 바이지만, 사회 변혁(구조 개혁) 운동과 개인 변혁(수

---

* 천막 생활을 한 지 100일이 지난 때, 천막을 버텨 준 소나무 세 그루에게 이름을 붙여 주었다. 우직(愚直), 묵직(黙直), 눌직(訥直)이 그것이다. 표영상의 《동학2》(통나무) 40쪽을 읽다가 퍼뜩 떠올라 붙인 이름이다. 계속되는 관헌의 탄압을 피해 해월 선생님이 고생을 하실 때, 제자들에게 가르친 내용이다. '무슨 일을 할 때에 첫째로 우직(고지식하게), 둘째로 묵중(말없이 신중하게), 셋째로 눌직(어눌하지만 정직하게)'하게 행하라는 말씀에서 빌어 왔다.

련, 수행)의 과정이 분리될 수 없는 성질이라 여긴다. '해방'의 운동과 '구도'의 수행이 통전적으로 조화로운, 이전과는 사뭇 다른 운동이 존재할 수 있는 가치를 방향으로 기독교사회운동이 나아가기를 바란다. 그런 점에서 천주교의 피정, 불교의 안거에 비견할 개신교 고유의 독특한 쉼과 훈련의 과정은 절실할 뿐이다.

모든 운동은 그 나름의 '의식화'의 과정을 필요로 한다. '의식화'는 세계에 대한 주체적, 비판적 인식을 기초로 한다. 쉽게 표현한다면 '세상에 대하여 눈을 뜨는 것'이다. 세상을 아는(깨달음) 것이다. 이제 좀 더 깊이 있게 세상(교회)과 존재에 대한 이해(앎, 깨달음)에 도달하기 위해서는 역설적으로 '눈을 감는 것'도 필요하다고 생각한다. '눈을 감고 잠시 머물러 있는 것'이 '바쁘고 부산하게 움직이는 것'보다 저평가되어서는 안 될 것이다. 그 둘은 어쩌면 하나일지도 모른다. '멈추어 섬, 가만히 앉음, 눈을 감음, 편히 쉼, 천천히 숨을 들이쉬고, 내쉬기를 반복, 고요하게 머물기, 그리고 몰입'을 일상화할 수 있는 길이 모색되어져야 할 것이다. 틱낫한 스님이 "세상의 평화를 위하여 일을 하는 사람들, 그대들은 평화로운가?"라고 물은 적이 있는데, 그 물음은 오늘 우리에게도 적용되는 물음일 것이다.

## 3. 생태적 감수성의 회복 / 자연과의 교감

프란체스코 성인은 태양을 형님으로, 달을 누이로, 지구를 어머니로 불렀다. 이름만 그리한 것이 아니라 만물과 형제, 자매로 지낸 것이다. 레오나르도 보프가 쓴 《정 그리고 힘》(분도)은 아시시의 성자가 지닌 영성의 깊이와 넓이, 고독한 수행과 내적 평화 과정을 소상하게 밝혀 놓고 있다. 편도나무에게 "아우 편도야, 하느님 이야기를 해 다오"
하니 나무가 꽃을 피워 화답했고, "개울 형님, 하느님 이야기를 들려주
시오" 했더니 고요하던 개울에 물결이 일기 시작했다는 이야기도 담겨
있다. 교감이요 일치다. 공감의 능력이다. 새들과 이야기를 나누고 함
께 찬양을 하는 삶, 가난한 이들과의 일치 속에서 프란체스코 성인은
자연과 단절된 인간, 사람과 단절된 인간에게 새로운 삶의 가능성을
열어주는 것이다.

　새소리에 잠을 깬 경험도 참으로 오랜만이었다. 자명종이 울려도
좀처럼 일어나지 못했던 게으름병도 많이 사라졌다. 그만큼 공기가
맑고 깨끗한 숲이다. 특별히 비온 다음날의 숲은 그 자체로 환희고
신비다. 깨끗하다. 말쑥한 자태다. 비가 오면 개울물이 터져 흘렀다.
그 때 산이 살아 있다, 숲이 생명이다는 느낌을 강하게 받았다. 인체의
핏줄기처럼 산은 작은 물줄기로 생명의 흐름을 이어 가고 있었다. 솔
향도 진득하게 배어 나온다. 아침 햇살이 천막 안으로 환하게 번져
오는 것을 맞이할 수 있음이 은총이었다. 감격할 뿐이었다. 달빛이 내
릴 때면 숲은 더욱 다소곳해진다. 고요와 침묵으로 달빛을 맞이했다.
보름달 빛이 소나무 허리를 휘돌아 감아 도는 정경을 보면 그저 눈시울
이 적셔졌다. 달빛 속으로 잔잔히 흘러 들어감을 느꼈다. 물들어 가기
를, 달빛으로, 솔향으로, 신선한 바람결로, 아침을 깨우는 새들의 지저
귐으로, 깊이깊이 들어가기를, 그 안에 계시며 전체를 품으시는 그 분
의 품으로 들어가기를 기도했다. 해넘이가 시작되면 솔밭은 주홍인지
연분홍인지 모를 빛으로 물들었다. 흰 눈 내리는 소나무 숲을 보면
그저 벅찼다. 그래서 아주 특별한 은총이라 여기고 신비로운 여행을
다녀왔다고 말을 하고 있다.

## 이야기 셋: 기장 생태공동체운동본부의 경험

– 교회 갱신의 내적 잠재력은 존재한다. 그 잠재력을 끄집어 내기 위해서(?)는
기독사회운동이 더욱 낮아져야 한다.


2007년 태안에서 삼성 유조선의 침몰과 기름유출 사태가 일어났다. 그 사태 가운데 도저히 잊히지 않은 한 장면이 있다. 검은 기름을 온통 뒤집어 쓴 '이름 모를 새'가 바위에 서 있는 모습이었다. 환경 파괴와 재앙으로 인한 인간 사회의 마지막 모습을 보는 느낌이었다. 연이어 그 해 12월 대선에서 '경제 살리기와 한반도 대운하 건설'을 공약으로 내건 분이 압도적인 차이로 당선되었다. 그러한 상황을 배경으로 기장 생태공동체운동본부가 만들어졌는데, 집행의 책임을 맡고 일을 하면서 기독교사회운동과 관련하여 몇 가지 느낀 점을 정리해 본다.

### 1. 교회공동체는 자기 갱신의 내적 잠재력을 지니고 있다


태안으로 달려간 교인들(자원봉사자)의 신앙과 양심, 의식 수준에서 그 잠재적 가능성을 본다. 측은지심(惻隱之心)을 잃지 않은 교회와 신앙인에 대한 따뜻한 시선이 필요하다. 물론 한국 교회의 다수는 이명박 정권과 건설 자본의 결탁 속에 진행되는 한반도 대운하를 향한 첫 단추로서 '4대강 정비사업'의 본질과 생태계 파괴에 대하여 침묵하고 있고, '경제 살리기'를 위해서는 강행해야 한다는 주장도 내뱉고 있다.

그럼에도 하나님의 창조질서로서 지구촌 생태계가 인간들의 탐욕과 교만으로 병들어 가고 있고, 그 상태가 아주 심각하다는 점을 교회는 인식하고 있으며, 청지기직을 수행해야 한다는 신앙고백과 사회적 의식을 지니고 있다고 본다.

## 2. 기독사회운동은 더욱 쉬워지고, 더욱 낮아지고, 아래로 내려가야 한다

'환경을 지키자'는 아주 천진하고 낭만적인 구호로부터 기독사회운동이 재정립해야 한다는 생각을 하고 있다. 너무도 쉽고 누구도 부정하지 못할 상식적인 일로부터 운동을 출발하는 것이 필요한 때라고 여긴다. 그동안 기독사회운동은 한국 사회가 젊어지고 있는 정치적, 역사적 과제를 당면 과제로 삼고 실천해 왔다. 그 운동의 성과와 의미를 격하시킬 필요는 없다. 그럼에도 불구하고 기독사회운동이 자신의 근거라 할 교회로부터 고립되고, 오히려 극우 보수 권력형 대형 교회가 마치 한국 교회를 상징하는 것으로 변모한 작금의 상황에 대하여 깊은 책임의식을 진보적 기독사회운동은 져야 한다. '교회와 더불어 나아가는 운동'으로서 자리매김에 소홀한 것이다. 이제 더욱 낮아지고, 아래로 내려가야 할 필요를 절감한다. 주로 '하방(下方)'이라는 말은 '고난받는 민중의 현장, 투쟁의 현장으로의 투신'을 의미했다. 그것만으로는 부족하다. 깊은 영성의 골짜기를 헤매는 것도 하방이고, 한국 교회의 밑바닥 신앙과 정서, 사회적 의식에 천착하려고 노력하는 것도 하방이다. 진정한 하방은 자기의 생각과 경험, 습관 등을 내려놓는 것으로부터 시작할 것이다.

## 3. 기독사회운동은 '교회공동체의 자리' 에 굳건한 뿌리를 내려야 한다

물론 한국 교회가 보이고 있는, 아니 눈 뜨고 볼 수 없을 정도의 낯뜨거운 장면과 그 부패상을 덮어 두고 갈 수는 없다. 시청 앞에서 '성조기'를 흔들며 '친북 좌파 세력 분쇄'를 외치는 모습에서, 공공연한 목회 세습과 '교회 팔고사기가' 벌어지는 상황에서 '사랑의 종교, 거룩한 교회'라는 말은 허구요, 허탈할 뿐이다. 이혁배가 지적하듯이 '한국 교회는 정치적으로 친미반공주의, 종교적으로 배타주의, 교회 조직적으로 권위주의, 신앙적으로 물량주의'를 드러내고 있고*, 그 단면이 소위 '대형 교회'의 행태를 통하여 적나라하게 드러나고 있다. 그럼에도 불구하고 기독교사회운동의 자리는 교회공동체의 자리에 서 있어야 한다. 교회를 떠난 기독사회운동은 존재감이 없을 뿐 아니라, 필요하지도 않다. 대중을 떠난 물고기는 죽을 수밖에 없다. 탈(脫)교회, 비(非)교회, 반(反)교회의 주장과 행동에도 경청할 부분이 있지만, 내(內)교회의 운동은 새롭게 조명되어야 한다. 교회공동체의 재활성화의 주체로서, 기독교의 재주체화**의 나팔수로서의 사명을 감당해야 한다.


## 이야기 넷: 한 여성 목회자의 꿈과 기도***


"이 순간 우리 교단과 교회의 가부장적 문화와 구조하에서

성차별로 인해 교회 여성들이 겪는 고난과 좌절에도 불구하고

나는 아직도 꿈을 가지고 있습니다.

그것은 하나님이 자신의 형상을 따라 사람을 만드시되 남자와 여자로 만드셨다는,

그래서 여성도 하나님의 형상으로서 존엄한 존재라는 성서의 증언,

창조신앙에 근거한 꿈입니다.

나는 어느 날 우리 교단에서 같은 수의 남자와 여자들이

---

* 이혁배, 《한국 기독교윤리의 쟁점》, 1장 "한국 교회의 행태", (동연, 2010), 16.
** 이정배, 《생태 영성과 기독교의 재주체화》(동연, 2010), 27.
*** 한국염, "민중목회와 여성목회 – 일어나 마리아의 찬가를 노래하여라"에서.

함께 총대로서 총회 회의장에 마주 앉게 될 날이 오리라는,

개교회 여장로와 남장로가 같은 수로 당회를 구성하며,

남자 목회자와 여성 목회자가 공동으로 목회를 하며

여성과 남성이 번갈아가며 총회장과 총무를 하고

교단신학교에 같은 수의 남자교수와 여자교수가 교수회의를 하는 그
런 날,

교단의 모든 남자와 여자가 한 마음으로 한 식탁에 들러 앉아

형제자매의 사랑을 나누는 날이 오리라는 꿈이 있습니다.


나에게는 이런 꿈이 있습니다.

어느 날 불평등과 차별, 억압과 불의로 기승하던 교회가

평등과 정의와 평화의 지성소로 변하리라는 꿈을,

여성과 청년들이 그들의 성이나 나이에 의해서가 아니라,

하나님으로부터 부여받은 그들의 인격과 능력에 따라 평가받을 수 있는,

어느 한 성이 결정하고, 다른 성은 결정한 것을 따르는 것이 아니라

서로 평등하게 함께 결정하고 함께 섬기는

그런 교회로 바뀌리라는 꿈을 가지고 있습니다. (중략)


나의 희망과 믿음은 이것입니다.

초대교회에서 세례 받을 때

"그리스도 안에서는 "유대인과 헬라인, 종이나 자유인,

남자나 여자나 차별 없이 하나입니다." 고백하던 것처럼

오늘 우리 교회의 세례식에서도 다시 고백되어져

차별은 폭력이고 죄라는 인식이 강물같이 교회 안에서 흘러

교회 안에서 인종차별, 계급차별, 성차별이 없어질 것이라는 희망과

믿음입니다.

믿음은 바라는 것들의 실상이라는 히브리서 기자의 증언처럼

이 믿음으로 우리는 절망의 산에서 희망의 바윗돌을 깎아내려고 합니다.

우리는 이 믿음으로 우리 교단의 불협화음을

평등과 조화의 아름다운 합창곡으로 바꿀 것입니다.

이 믿음으로 우리는 어느 날 우리 교단이 양성 평등한 교단이 되리라는 것을 바라보며 다함께 나아가야 합니다.


교단 모든 노회로부터 평등과 자유의 종이 울려 퍼지고,

교단 총회 정책을 결정하는 거대한 자리로 부터 양성평등의 종이 울려 퍼지게 하십시오.

교단 신학의 산맥으로부터 양성평등의 소리가 울려 퍼지게 하고,

교단의 목회지에서 여성목회자의 영성과 지도력이 울려 퍼지게 하십시오.

교단의 모든 교회와 기관으로부터 성차별적 관행이 철폐되는 자유가 울려 퍼지게 하고,

이를 통해서 한국 교회에 평등과 평화를 노래하는 메아리가 울려 퍼지게 하십시오."


하나님의 선교신학과 민중신학의 세례를 받고, 감옥으로, 공장으로, 거리투쟁으로, 민중교회로, 시민사회단체 운동가로 꽤 부지런히 움직여 왔다고 자부심을 갖고 있는 사람이었지만, 이러한 일련의 과정을 생체험한 이후 새로운 세례를 받은 느낌이다. 기독교사회운동을 목회자의 위치에서 감당하는 것을 '생의 과제'로 여기고 움직여 왔지만, 그 가운데 무엇인가 빠진 것이 있음을, 새롭게 채우지 않으면 안

되는 그 무엇이 있음을 내게 일깨워 준 경험이었다. 그 무엇을 '생명평화운동, 생명평화선교'라고 부르고 싶다. 그 이전의 기독사회운동과 깊은 연관을 지니고 있으면서도 조금 다른 성질의 운동이라 생각한다. 그런데 '생명평화운동' '생명평화선교'가 무엇이냐고 물으면 답은 궁해진다. 우선 말할 수 있는 것은 '생명의 감수성', '평화의 감수성', '여성의 감수성', '농촌의 감수성' '공동체의 감수성'(교회의 감수성), '정(靜, 수행)의 가치' '한국 교회(교단 개혁)의 갱신의 내적 잠재력' 특별히 '개신교 고유의 운동의 특성(평신도 운동, 청년학생 운동)을 회복'하는 것, 그리고 '자신을 비워 종의 모습으로 이 땅에 오신 그 분을 모시는 삶의 태도'야말로 기독생명평화운동, 기독생명평화선교론의 전제가 아닐까, 라는 생각이다.

## 기독 생명평화 운동의 이론적, 조직적, 실천적 정립이 절실하다

1970년대 이후 기독사회운동은 고난 받는 민중의 편에 서서 하나님의 선교사역에 동참했다. 3선 개헌 반대운동으로부터, 긴급조치와 유신철폐운동, 양심수를 위한 대책활동, 민주노조(동일방직, 원풍모방, YH 등)와 해고 노동자를 위한 지원활동 등을 통하여 이 땅의 인권 신장과 민주화운동에 큰 기여를 해 왔다. 한국기독교교회협의회(KNCC)는 '인권운동과 민주화운동'의 종교적 구심이자 상징으로 여겨졌다. 그 모든 기독사회운동의 밑바탕에는 '하나님의 선교 신학'과 '민중신학에 근거한 민중선교론'이 있었다. 기독사회운동과 선교이론은 상호작용을 통하여 발전했다. 도시산업선교활동, EYC를 비롯한 교단청년운동, KSCF를 중심으로 한 기독학생운동, 목회자 정의평화실천협의회, 한국민중교회운동연합, 기독노동자연맹, 기독교농민회, 기독여민회 등의 조직과 실천의 밑바탕에는 성서의 민중신학적 이해와 하나님의 선교이론이 자리하고 있었다 해도 과언이 아니다. 이는 식민지 피선교 대상으로서의 한국 교회가 아니라, 성서의 해방 전통과 민족공동체의 역사와 문화를 주체적으로 접목시키고자 하는 한국 교회로의 자기 변혁 과정이었으며, 교회를 통한 사회 변혁의 과정이었다.

그런 점에서 기독생명평화운동과 선교론은 실천적으로는 사회 변혁과 교회 변혁을 위하여 활동해 온 기독사회운동의 전통을 이어받고 있으며, 이론적인 차원에서는 '하나님의 선교론'과 '민중선교론'의 전통에 그 뿌리를 두고 있다. 선교의 주체가 교회가 아니라 하나님이시며, 선교의 궁극적 목적이 교회의 확장이 아니라 "예수그리스도"의 선포의 핵심인 '하나님 나라가 이 땅에 이루어짐'이라는 점에서 생명평화선교론은 '하나님의 선교론'과 맥을 같이한다. 이와 더불어 민중이 교회 선교의 대상이 아니라 복음 수용의 주체이며, 하나님의 선교의 역사적 담지자라는 점에서 '민중선교론'을 이어 받는다. 그럼에도 불구하고 생명평화선교론은 그 이전의 선교이론과 다른 점을 지닌다고 본다. 자연과 대립하는 인간 이해의 기독교로부터 어머니 자연의 품 안에서 다양한 만물과 공존하고 공생하는 인간 이해를 한 점, 하나님의 구원 역사의 장이 인간의 역사만이 아니라 창조세계 전반에 이른다는 점. 가부장적 기독교(사회)를 넘어서야 한다는 인식의 철저성, 그리고 비폭력 평화운동으로서의 자리 매김 등은 생명평화운동과 그 선교 이론이 그 이전의 운동과 이론과는 다른 차원을 지닌다 하겠다.

화염병과 짱돌, 죽창이 민주화운동과 민중운동의 시위 양상이었던 시절이 있었다. 엄혹한 시절이었다. 1980년 광주에서는 무장 군대에 의한 시민 학살이 벌어졌고, 고문, 투옥, 해고, 강제 징집 등 비정상적인 권력의 횡포와 만행이 치를 떨게 하던 시절도 있었다. 그러나 1987년 6·10민주화운동 이후로부터 현재에 이르기까지 한국 사회의 지배 체제와 작동 방식(다른 측면에서는 민중의 주체적 역량의 강화)은 서서히, 가끔은 급속하게(친환경 무상급식) 변하고 있음도 사실이다. 일인 시위, 촛불집회, 삼보일배, 오체투지, 인간 띠잇기 등 시민(종교)사회운동의 양태와 표현 방식이 변화하고 있음을 주목할 필요가 있다. 상황이 변하고 있고, 운동의 양태도 변하고 있다. 시민사회운동의 변화와 마찬가지로, 현재 기독사회운동을 수행하는 조직이나 개인 모두 '생명의 감수성'과 '평화의 감수성'을 지니고 있으며, '생명'과 '평화'가 위험하게 느껴지는 상황에서 무엇인가 신앙적 실천을 해야 한다는 점을 분명하게 인식하고 있다는 것이다. 그럼에도 불구하고 기독교사회운동의 현실은 이러한 갈급한 물음과 시대적 소명 앞에서 분명하고도 활기찬 운동적 전망과 꿈을 제시하지 못하고 있다. 그에 걸맞은, 현재의 상황과 (기독)사회운동 전반을 신학적으로 조명하고, 새로운 교회의 모습을 꿈꾸며, 하나님 선교의 사명을 다하는 신학이론, 조직(생명평화교회), 신앙적 실천(선교)론이 정립되어야만 할 때가 찼다.

## 기독생명평화운동의 신학 이론 수립
### – 생명평화교회(공동체)의 형성과 확산, 선교적 실천을 산출할 모태가 필요하다

〈생명과 평화를 여는 2010 한국 그리스도인 선언〉(이하 2010선언으로)은 하나의 사건이라 불릴 만하다. 참으로 오랜만에 신학자와 목회자, 운동가들이 한자리에 모여서, 시대와 교회를 성찰하며 '생명과 평화의 공감대'를 형성했다. 이러한 기운은 좀 더 무르익어야 하고, 열매를 맺어야 한다. 기독생명평화운동의 공명판(공감대)의 몫을 통하여 공감의 파도를 일파만파 파동 치게 하는 진원지, 기독생명평화운동이라는 새 술을 담을 새 부대로서 소임을 다해야 한다. 기독생명평화운동은 생명과 평화의 가치를 위협하는 세력과 힘에 대하여 '비폭력의 저항운동'을 펼쳐나가야 할 뿐 아니라 생명과 평화의 사회를 개척해 나갈 '대안을 창출하는 운동'이라는 이중의 과제를 지고 있는데, '선언모임'은 신학 이론 수립, 생명평화교회(공동체)의 형성과 확산, 선교적 실천 방안, 그리고 굳이 덧붙인다면 '기독생명평화운동의 수행론'을 모색하고, 논의하고, 수렴하고, 확산하는 모태로서의 자리매김을 하면 어떨까 제안한다. '기독생명평화운동의 그물망(Network)'의 여러 중심 가운데 고유한 또 하나의 중심의 몫을 감당하기를 기대하며, 몇 가지 실천 가능한 과제를 제안한다.

### 1) 기독생명평화선교원(대안의 신학교, 생명평화교회의 연구소)

독일의 고백교회의 경험, 한국에서의 학생사회개발단의 훈련 과정, 크리스천 아카데미의 농촌, 노동, 여성 중간지도자 과정, 선교교육원 등은 비록 재야의 교육훈련기관이라는 특성과 한계를 지니면서도 그 시대와 기존 교회에 파장을 일으켰고, 새로운 운동을 낳는 모태로서의 몫을 다했다. 특별히 기독사회운동 전반에 걸친 사람 부족 현상(재생산의 위기)은 그만큼 진보적 기독운동진영이 사람을 발굴하고, 훈련하고, 재충전의 기회를 부여하는 일에 게을렀음을 반증하는 것이다.

－기독생명평화운동의 선교사를 교육하고 훈련하는 대안적 신학교
(특별히 제도적 신학교를 수료하지 않은, 평신도 지도자들을 교육훈련하

고 '생명평화 선교사'로 몫을 감당하게 하는 과정을 설치하는 것도 고려할
필요가 있다.)
- '생명평화신학' '생명평화교회론' '생명평화선교이론과 실제 방안'
  '생명평화운동의 영성훈련(수행)'을 중심으로 학과 개설
- '기독생명평화운동'에 투신하고자하는 신학자, 목회자, 기독활동
  가, 새로운 목회를 꿈꾸는 신학생, 기독청년학생'을 훈련하여, 적
  절한 실천의 장에 파송하는 일
- 선교원은 안정된 교실에서 수업이 이루어지겠지만, 지역(호남,
  영남, 충청 등) 단위에서의 수업도 생각할 필요가 있다.
- 인터넷망을 활용한 기독생명평화운동의 개방된 토론장 운영

**2) '실천과 이론'의 통일을 모색하는 마당으로서 포럼 개최**
기독사회포럼, 교회의 날, 선언모임 워크숍 사이의 열린 논의과정
을 통하여 각 영역의 고유한 몫을 찾는 작업 또는 합칠 것은 합치고
분별할 것은 분별하는 작업이 필요하다.

**3) 시대와 교회를 향한 한국 그리스도인 선언(연 1회, 또는 2년 1회)**
대회 형식을 취하며 발표할 수도 있다.

4) 기독교 NGO와 평신도 활동가(생명평화 선교사)를 지원하고, 지
지하는 운동이 절실하다(아름다운재단은 그 예가 될 수 있다). 이러한 지원
시스템은 활동가(생명평화 선교사)들을 기쁨으로 가득한 상태에서 일
을 할 수 있게 하는 풀무가 될 것이다.
5) 이러한 실천적 과제를 수행하기 위한 최소한의 실행구조가 필요
하다. 지난 발제(김영철 목사)를 통하여 "선언위원회는 약간 명의 고문

과 자문위원을 두고 실질적으로 선언위원회를 이끌어갈 실행위원회를 구성하여 집행해 나갈 수 있다. 또한 영역별 위원회(신학위원회, 교회위원회, 사회위원회)를 구성하며, 실행위원회는 1차 선언문 실행위원 7명과 영역별(신학, 교회, 사회 각 3명) 실행위원 9명 등 16명의 실행위원들이 이끌어 가도록 한다. 실행위원장 1인 부위원장 3인을 둔다"고 했는데, 이에 덧붙여 최소한의 실무력 확보와 이를 위한 재정수입구조가 마련되어야 한다. 생각할 수 있는 방안들은,

- 회원들의 회비
- 가칭 '생명평화교회연대'에 참여하는 교회들의 1/100 헌금
- 기존 기독사회운동 단체에서 실무적 지원(파송)
- 기독생명평화운동을 지원할 사람과 교회를 조직하는 일


## 기독생명평화운동을 실현하기 위한 지역적 주체(조직) 세우기가 필요하다

"그동안의 진보적 기독교와 에큐메니칼 운동이 지나치게 도시와 기관 중심의 엘리트 운동으로 발전해 왔다고 하겠다. 그런 면에서 풍성한 기독교의 영성적 전통이나 농촌과 공동체에 기반한 생명운동으로 발전하지 못한 것은 아닌가 돌아보아야 한다. 농촌교회와 공동체운동을 통한 생명운동과 새롭게 부상되는 평화선교 운동에 주목해야 한다."*

---

* 김영철, "생명과 평화의 기독교 운동을 위하여", 선언모임 발제문, 4.

교회(종교)의 장점은 전국 동네마다 있다는 점이다. 학교보다 고루, 세밀하게 퍼져 있는 것이 교회의 그물망이다. 기독생명평화운동이 시대와 조건에 따른 한시적인 운동 유형이 아니라, 어쩌면 예수 운동의 역사적 재현으로서 긴 수명을 지닌, 기독교(종교) 본래의 지향과 가치를 담는 운동이라면, 그 운동은 이전의 운동과는 다른 세계관과 운동 양식 가운데에서 생성되어야 하고, 그럴 때에만 확장될 수 있다. 남성의 자리가 아닌 여성의 자리에서, 목회자의 자리가 아닌 평신도의 자리에서, 대도시가 아닌 농촌과 소도시의 자리에서, 중년이 아닌 청(소)년의 자리에서, 사람만이 아니라 그 지역의 생태계와 함께 세워지는 것이 필요하다고 본다. 기독생명평화운동의 주체가 농촌 토대를 구축하는 과정 역시, 이에 조응해야 할 것이다. 그렇지 못하면 '2010선언'이라는 사건은 선언 그 자체로 수명을 다할 것이다. 그런 점에서 기독생명평화운동의 지역적 주체를 세우고 토대를 구축하는 과정은 운동의 지엽적인 문제가 아니며, 차후로 미룰 성질이 아니다. 농촌, 어촌, 산촌, 공단 지역 등 지역의 특성에 조응하며 형성되어 있는 '기독생명평화운동', 또는 '생명평화교회'의 주체들(지역에 정주하는, 더욱이 지금은 기독사회운동과 잠시 멀어져 있는 사람들을 포함하여, 정평, 민교, 예수살기, EYC, KSCF, 기노, 기농, 기여민 등)과의 직접적인 대화와 협력을 기초로 하여 논의와 운동을 진행하는 것이 긴요하다. 그만큼 작업 과정이 커지고, 시간적으로 길어지고, 복잡하다 하더라도, 최대한 그런 과정을 밟아가기를 희망한다.

수도권의 한 지역(인천)에서 25년을 지낸 형편에서 하고 싶은 말이 있다. 중앙(서울)은 영역이 분화되어 조직이 있을 수 있지만, 지역은 인력은 한정되어 있으면서도 있을 조직은 다 있는, 그래서 중복 출연(문어발식 운동)이 불가피한 것이 현실이다.

10여 년 전 내가 가담하고 있는, 가담할 뿐 아니라 일정하게 시간과 재정을 부어야 하는 기독교 조직만 해도(기장, 인천 목정평, 인천지역 기장 목정평, 인천지역 인권위, 인천민교, 기장민교, 한민연, 기독노동자연맹 지도위원, 노동선교문화원 운영위원장, 각 조직 안의 위원회 모임 등등) 열 손가락을 펴야 하는 실정이다. 회의주의자가 될 수밖에 없고, 기독교 운동을 할 새로운 사람을 만나는 경우는 전혀 없이 늘 만나는 사람들과 또 만나는, 소위 '선수'끼리 만나 움직이는, 다람쥐 쳇바퀴 도는 실정이었다. 현재 역시 그러한 처지에는 변함이 없다. 이런 처지에서 '창조적 사유, 여유 있는 가슴, 생명과 평화의 감수성, 부지런한 발'을 지닌 따뜻하고 온유한 기독생명평화운동가가 있을 수 있겠는가? 뾰족한 답은 없다. 지역에서 헤쳐모이기를 한다고 될 일은 아니다. 다만, 이런 운동의 현실을 있는 그대로 받아들이면서, 과거에 매이지 않고, 도대체 어떻게 하면 운동하는 사람도 사람다워지고, 운동하는 조직도 생명력 넘치는, 'Burn out'(운동에서 상처받고 나가떨어지는) 상태로서 활동을 하는 것이 아니라, 기쁨과 감격으로 운동을 하고 일상을 살아가는, 거기다 목회도 하는 '사람(人子)의 운동'을 기도할 뿐이다.

전북과 인천 지역에 생명평화기독인연대라는 조직이 자생적으로 이미 생성되어 있다. 모르긴 하지만 곳곳에 그런 주체와 '숨어 있는 7,000명'이 있다고 느낀다. 그 자리로 내려가서 '기독생명평화운동'의 부푼 꿈을 그리고, 구체적인 계획을 하고, 실행에 옮기는 작업을 아주 천천히, 아주 느리게 그러나 진지하게 모색할 필요가 있다.

# 광범위한 생명과 평화의 그물망이 펼쳐져야 한다

- 연대의 수준은 그 시대 운동의 수준을 드러낸다. 교회는 지역(마을)을 밝히는 생명평화의 촛불이 되어야 한다. 촛불은 교회당 안에만 켜져 있을 필요는 없다.

1) 에큐메니칼 운동의 그물망(개신교), 교단 내부 개혁의 과제를 수행하기 위한 그물망

2) 4대 종단을 중심으로 종교인 모임: 이정배 교수가《생태영성과 기독교의 재주체화》에서 제안한 지역(마을) 단위의 종교인 '33인 모임'은 실현 가능한, 그리고 의미 있는 모임이라고 생각한다.

3) 지역(동네, 마을) 단위의 생명평화운동과 그물망을 형성하는 것: 마을 만들기, 마을잔치, 소나무 나무 위 시위를 통하여 절실하게 필요하다고 느낀 점이 있다. '풀뿌리 기초공동체' '건강한 주민조직'의 필요성을 절감했다. 동네 단위로 '주민자치조직'이 생겨나야 한다. '민주주의 심화'라는 개념을 나는 동네에서 실현되는 민주주의라 이해하고 있다. '평화와 생태'를 중심 가치로 활동하는 '풀뿌리 기초 (주민)공동체'를 만들고 형성하는 일이 긴요한 시점이다. 그럴 때야 주민들은 운동의 대상이나, 지지, 협조자가 아니라, 당당한 마을의 주체로, 생명평화정치의 주체로 나설 수 있다(성미산 사람들).

4) 시민사회단체(환경, 교육, 노동, 복지, 의료, 법률, 학계, 언론, 문화 등)의 지원과 교류

5) 조선그리스도교연맹과의 우애와 협력 방안: 민족의 평화와 통일을 향한 운동

6) 국제적 교류: WCC, CCA, 국제 평화 환경단체

- 특별히 아시아(일본, 중국) 지역에서의 생명평화의 그물망 짜기


## 마무리하며

살아 있는 모든 존재는 소중하다, 거룩하다. 계양산 숲 생활을 통하여 배운 것의 전부다. 말은 하지 않지만, 아니 우리가 그들의 말을 알아듣지 못하더라도 숲이 우리 모두를 아무 거리낌 없이 넉넉하게 맞아주는 것은 사람들이 그 이치를 스스로 깨닫게 되기를 바라기 때문이다. 또한 생명체는 서로 긴밀히 연결되어 있고, 순환한다. 생명체의 연관과 순환이 끊어지면 생명 역시 끝나게 된다. 생명체들은 함께 있고(공존, 共存), 함께 살기를(공생, 共生) 원한다.

'생명과 평화'라는 화두를 우리가 붙잡고 있는 것이 은총일 것이다. 그 은총의 세계로 이끄시는 손길과 따뜻한 마음을 교회와 마을, 나아가 세상에 전하는 기쁜 발걸음이 되기를 기도하며 글을 마무리한다.

# "기독교 생명평화운동의 선교론 수립을 위하여"를 읽고

이은선 교수(세종대학교, 종교·여성·교육)

1. "수도권의 한 지역(인천)에서 25년을 지낸" 내공이 아니면 나올 수 없는 성찰임을 잘 보았습니다. 특히 "계양산 숲 생활을 통한 체험과 깨달음"은 깊은 감동을 주었고, 본 논평자가 최근에 읽은 헨리 소로우의 책《구도자에게 쓴 편지》를 다시 연상시키면서 그러한 자연과의 하나 됨의 경험과 깊은 교감이 오늘 우리에게도 가능하다는 것을 살아 있는 언어로 잘 표현해 주셨다는 점에서 감사한 마음을 표합니다.

2. 오늘 우리 시대에 왜 부처와 같은 사람이 나오지 않는가 하면 그처럼 그렇게 오랜 시간 보리수 밑에 앉아 있는 사람이 없기 때문이라는 재미있는 지적대로 목사님도 그 계양산에 155일간의 기간 동안 앉아 있었기 때문에 그러한 체험을 하실 수 있었던 것으로 봅니다. 그런 맥락에서 "천주교의 피정, 불교의 안거에 비견할 개신교 고유의 독특한 쉼과 훈련의 과정이 절실할 뿐이다"라고 하신 지적에 전적으로 동감합니다. 저는 여기서 예전에 김교신의 무교회주의 운동 교회에서

겨울에 한곳에 모여서 집중적으로 성경공부와 더불어 함석헌의 《뜻으로 본 한국역사》같은 것이 강의되던 시절의 '研經班' 공부 모임을 생각하고, 그런 기도와 공부가 같이 했던 유교-기독교 전통의 쉼과 공부의 과정을 상상해 봅니다.

3. 글의 전체에서 특히 '평신도'의 역할, '여성'의 역할, '자연'과의 대립이 아닌 "어머니 자연의 품 안에서 다양한 만물과 공존하고 공생하는 인간 이해"를 새로운 기독사회운동의 기초로 놓으신 것이 매우 두드러져서 좋았습니다. 이러한 주장은 지금까지 여성신학자들에 의해 끊임없이 요청되어 온 사항이었지만 한국 교회가 거의 귀를 막고 있었고, 진보적인 기독사회운동에서도 적극적으로 끌어안지 못한 것이었는데, 저는 여기서 비로소 한국 교회의 생명평화운동에서 지금까지 서로 나뉘어져서 주창되어 온 하나님 나라 확장의 일이 의미 있게 통합되는 것을 봅니다. 특히 한 남성 목회자 운동가의 오랜 선교 실행에서 나온 성찰이고 요청이므로 한국 교회의 선교가 이제 이 방향으로 나가야 한다는 것을 잘 증거해 주고 있다는 점에서 의미와 시사가 크다고 봅니다.

4. 기독사회운동이 "자신의 근거라 할 교회로부터 고립되고, 오히려 극우 보수 권력형 대형 교회가 마치 한국 교회를 상징하는 것으로 변모한 작금의 상황"에 대해서 지적하신 것에 대해서 깊이 동감합니다. 서구에서도 과거 여러 진보주의 사회운동의 한계로 소위 "주류"와의 대화를 끊고 자신들만의 도덕적 우월의식 속에서 스스로의 게토에 갇혀 지내면서 실제로는 어떤 구체적인 역할이나 영향을 끼치지 못하는 것을 들었듯이* 한국 진보주의 교회운동이 바로 그런 경우라면

이제부터라도 더욱 철저히 현실과 현장으로 나가야 할 것이라고 봅니다. 이런 맥락에서 "교회(종교)의 장점은 전국 동네마다 있다는 점이다"라는 지적은 오늘 한국 기독교가 보여주는 심각한 한계와 문제에도 불구하고 여전히 우리 사회와 시대를 변화시킬 수 있는 실천적이고 효과 있는 기제로 교회를 신뢰함을 보여 주고, 본 논평자도 역시 여기에 동감하는 바입니다. 그러나 한국 교회에 대한 이러한 긍정적인 기대와 공감의식이 열매 맺도록 하기 위해서는 한국 교회의 과격한 종교적 배타주의가 극복되어야 할 것인데, 이 핵심적인 사항에 대해서는 중요한 언급이 없습니다. 본 논평자가 보기에는 여기서의 심도 있는 성찰이 부재할 경우 새롭게 시도하는 기독교 생명평화운동도 또 하나의 자기주장으로 끝나기 쉽습니다. 한국 기독인들이 보여 주고 있는 인간중심주의와 자아중심주의를 치유하기 위해서는 저자가 체험한 것과 같은 자연으로부터의 직접적인 터치와 간섭이 참으로 요청되지만 그 일은 그렇게 쉽게 일어나지 않습니다. 그런 의미에서 인간 심정에 의해서 한 번 매개가 되었지만 기독교 전통보다 훨씬 더 풍부하고 근원적으로 생태적 사고를 담고 있는 아시아의 종교 전통들과의 만남을 가능하게 해주는 일이야말로 어떤 다른 생명평화운동보다도 좋은 치유와 결과를 가져올 것이라고 생각합니다. '자연'과의 하나 됨을 위한 선교, '측은지심'과 '생태적 감수성'의 신장을 위한 기독교생명평화운동의 일로 저는 이 일보다 시급한 것이 없다고 보는데, 앞에서 이야기한 소로우가 오늘 21세기 생태적 사고와 삶을 위한 높은 기준을 마련해 줄 수 있었던 것도 당시 서구의 19세기 중반 일반 기독교인들은 생각할 수도 없던 수준에서 힌두교사상과 불교사상, 유교사상 등을

------

* Hannah Arendt, *Men in Dark Times*, A Harvest Book 1968, 59.

책으로 깊이 접했기 때문이었습니다. 삶과 죽음, 자연과 물질, 자아와 타자 등에 대해서 전혀 다르게 생각하는 사고체계와 만남으로 인해서, 또한 지속적으로 그런 사고와 관계를 맺고 있음으로 인해서 그의 월든에서의 삶도 가능했다고 보는 것입니다.*

5. 본 논평자는 한국 교회의 '여성적 감수성' 신장의 일에도 그대로 같은 방식의 운동과 일이 이루어져야 한다고 봅니다. 지금까지 여성신학자들이 교회 밖에서 남성 목회자들과 신학자들의 도움과 지지를 받지 못하고 일종의 게토에서 외롭게 시도하면서 많은 축적물들을 쌓아왔는데,** 이제 이것들을 남성 목회자들과 교회 현장의 일꾼들이 받아들여서 이용하고 쓰는 일을 통해서 한국 교회가 긴 시간을 단축하면서 효율적으로 교회와 사회의 변화를 가져올 수 있다는 것입니다. 여성신학적 공부가 이제 교회 안으로 들어와서 보다 많은 사람들에게 전해질 수 있는 방법들을 구체적으로 찾아가는 일, 이것만큼 효율적인 기독생명평화운동이 없을 줄 압니다. 이러한 맥락에서 제안하신 "기독교생명평화선교원"은 그 핵심 커리큘럼으로서 이웃 종교의 구원론을 공부하는 일, 여성(신)학적인 사고의 신장을 돕는 공부 등을 가져야 한다고 봅니다. 이렇게 하다보면 '평신도'의 등장과 변화, "지역적 주체 세우기" 등은 "생명과 평화의 그물망"처럼 자연스럽게 형성되고 퍼져갈 것입니다. 왜냐하면 전통적 기독교와 남성주의적 사고보다 아시아의 종

---

*헨리 데이빗 소로우, 《구도자에게 보낸 편지》, 류시화 옮김(오래된 미래, 2005), 부록 참고.
** 한국여신학자협의회, 《한반도에서 다시 살아나는 여성시편》(여성신학사, 2005); 감리교여성지도력개발원, 《성령안에서 춤춰라 어디서든지 - 여성예배문모음》(뜰밖, 2010) 등.

교 전통들과 여성적 영성의 사고가 바로 그러한 생태적이고 관계적이.
며, 지역주의적인 사고를 훨씬 더 잘 자각시키기 때문입니다.

　6. 최근에 앞으로 인류문명의 앞날이 우리 "공감의 능력"(empathy)
에 달려 있다고 제레미 리프킨이 아주 두꺼운 책을 써서 강론했습니다.
그렇습니다. 윤목사 님의 글도 한 마디로 같은 것을 이야기하고 있다
고 봅니다. 그 공감의 감수성으로 보면 지금 한국 교회와 사회에서
이웃들이 무엇 때문에 가장 고통스러워하고 있는가가 보입니다. 일자
리, 학교 교육, 가족 해체, 육아, 존재 의미 상실 등일 것입니다. 교회가
이런 일들 속에서 '구체적으로', '몸에 영향이 가도록', '통전적으로',
"선교"의 대상도 또 하나의 주체가 되게 하면서, 계속적인 생명과 삶의
그물망이 되도록 하는 방식으로 역할을 해야 할 것입니다. 그렇게 한
다면 이번의 새로운 기독교 생명평화운동이 확산될 것이고, 그렇지
않다면 또 하나의 구호나 선언, 섹트의 운동에 그칠 것입니다. 진정성
이 밴 글이어서 읽기가 참 좋았습니다. 수고가 많으셨습니다.

부록

〈생명과 평화를 여는
2010년 한국 그리스도인 선언〉

## 〈생명과 평화를 여는 2010년 한국 그리스도인 선언〉

### 2010년 부활절을 맞아

올해 2010년은 경술국치 100주년이 되는 해이며, 민족의 비극이었던 한국전쟁 60주년, 민주화를 위해 투쟁하고 승리한 4·19혁명 50주년과 5·18광주민주화운동 30주년, 그리고 남북관계의 전환점이었던 6·15남북공동선언 10주년이 되는 해입니다. 민족이 걸어온 역사의 주요 고비들로부터 지혜를 얻어, 새로운 기운을 불러일으켜야 할 과제가 우리 앞에 놓여 있습니다. 예수 그리스도의 십자가와 부활을 믿는 우리 한국의 그리스도인은 2010년 부활절을 맞아, 교회와 민족과 세계를 향하여 생명과 평화를 향한 신앙을 고백하고 실천할 것을 천명합니다.

우리는 민족의 고난과 희망에 참여하기 위해 예수 그리스도를 따라 악의 세력에 저항하고 투쟁해 온 전통을 가지고 있습니다. 한국의 그리스도인들은 1919년 3·1독립운동에 참여한 것을 비롯하여, 1970~80년대 군부독재에 항거하여 민주화운동에 앞장섰고, 동족상잔의 전쟁과 분단을 극복하여 민족의 화해와 통일을 앞당기는 일에 동참하여 왔습니다. 그 과정에서 〈1973년 한국그리스도인 신앙선언〉과 1988년 〈민족의 통일과 평화에 대한 한국기독교회 선언〉이 발표된 바 있습니다.

그러나 우리는 예수 그리스도의 발자취를 따라 십자가를 짊어지고 민족의 구원과 해방을 위해 헌신하고 희생하는 길을 수없이 외면해 왔음을 뼈저리게 통회합니다. 우리는 무엇보다 한국 그리스도인 공동체의 부끄러운 모습을 두고 참회합니다. 그리하여 역사 앞에서 민중과 더불어 하나님 나라를 이루어 나가는 신실한 신앙인으로서 바로 서고자 합니다.

우리는 정의와 평화와 생명이 송두리째 파괴되고 있는 현실을 직시하며, 이 상황을 극복하기 위해 우리의 신앙을 고백하고, 그 고백에 따라 행동하려는 각오를 다지고자 합니다. 사도 바울이 말한 것처럼, "모든 피조물이 이제까지 함께 신음하며, 함께 해산의 고통을 겪고 있다는 것을 우리는 압니다"(롬 8:22). 우리는 온 생명이 심각한 위기에 놓인 현실 속에서 약자를 폭력으로부터 해방시키시고 생명의 온전한 질서를 회복하시는 하나님 일에 동참하고자 합니다.


## 시대의 징조와 참회

우리가 살고 있는 땅에서 생명과 평화를 이루려는 노력은 현재 중대한 위협을 받고 있습니다. 무한경쟁의 신자유주의적 경제 질서 속에서 사회적 양극화는 매우 위험한 지경에 이르렀습니다. 농촌에는 땅을 일구고 농업을 이어 갈 사람들이 사라져 가고 있습니다. 지난 10년 동안 비정규직 노동자는 전체 노동자의 50%를 넘어섰으며, 청년 실업은 절박한 사회 문제가 되고 있습니다. 친기업 부자만을 위한 정책들로 인해 민중의 생존권은 유린당하고 있습니다. 자본의 이익만을 위해 진행되고 있는 도시 재개발 사업은 가난한 세입자들을 거리로 내몰면서 용산 참사와 같은 비극을 일으켰고, 제2, 제3의 참사를 예고하고 있습니다. 현 정부의 대북정책은 남북한의 대립과 갈등을 초래하여 그동안 이루어 온 한반도의 화해와 통일을 향한 성과를 무너뜨리고 있습니다. 거대여당은 보수언론과 재벌들의 지원을 받으면서 일방통행의 정책을 추진하고, 소통 부재의 정치를 전개하고 있습니다. 우리 사회의 언론과 문화를 장악하려는 무리한 입법과 표적 인적 청산, 심지어 사법부까지 조종하려는 현 정부의 시도는 민주주의의 위기를 낳고 있습니다. 또한 〈4대강 살리기 사업〉이라는 미명하에 진행되는 무분별한 개발정책은 민중의 생활 터전과 생태질서를 파괴하고, 생명에 대한 근본적인 존중과 경외감을 말살하고 있습니다.

이토록 처참한 현실은 우리 사회와 국가의 테두리를 넘어 범지구적 차원에서 생명질서가 총체적으로 파괴되고 있는 상황과 무관하지 않습니다. 오늘의 세계는 생명과 평화를 깨뜨리는 세력이 일체의 제어 없이 군림하며, 세계 곳곳의 민중과 뭇 생명의 수난과 희생을 강요하고 있습니다. 경제적 신자유주의와 정치군사적 패권주의는 세계민의 자유와 인권, 민중의 생존권, 민족의 자결권, 나아가 모든 생명체의 생명권을 억압하고 있습니다.

그럼에도 불구하고 이 시대의 문화는 도덕과 심미적 감수성을 소멸시키는 죽임의 문화로 변해 가면서 인간을 욕심과 쾌락의 마술로 사로잡고 있습니다. 현대 문명은 온 지구의 삶과 생명질서를 정복하고 조작하며 통제할 수 있는 과학기술의 효용가치를 중시할 뿐, 생명체의 상생의 기반인 사랑과 정의와 평화, 그리고 생명 자체가 갖는 중요성을 간과하고 있습니다. 그 결과, 희망의 시대가 될 것으로 예견되던 21세기에 우리는 혹독한 생태적 위기를 겪고 있습니다. 지구 곳곳에서 일어나고 있는 자연재해가 범지구적 생명질서의 파국을 암시하고 있지만, 인간의 탐욕은 문명의 멸망을 재촉하고 우주적 종말까지 예견케 하고 있습니다.

이 엄혹한 절망과 위기의 시대를 지내면서도, 우리 한국의 그리스도인은 예수 그리스도를 본받아 살지 못하고 있습니다. 모든 피조물의 고통을 지고 십자가에 올라 마침내 생명의 새 질서를 세운 그리스도를 외면해 온 우리의 죄를 먼저 고백합니다.

우리는 성서의 명령과는 다르게, 정의와 평화가 강물처럼 흐르는 사회(암 5:24)를 위해 살지 못하였습니다. 은과 금으로 만들어진 맘몬의 우상(시 115:4)이 득세하는 동안, 탐욕에 굴복하고 가난한 사람들의 희생이 한없이 요구되는 가혹한 사회질서에 가담하는 죄를 지었습니다. 약육강식과 적자생존을 당연시 여기며, 지배와 폭력이 일상화된 야만사회를 용인하는 죄를 지었습니다. 한국전쟁이라는 민족의 비극을 겪었으면서도, 분단과 냉전체제에 길들여져 군사와 무기에 의존하면서 북의 동포를 적대시하고 있습니다. 전쟁 이데올로기를 재가하면서 제국주의의 침략적 세계질서 재편성에 순응해 온 우리의 죄를 참회합니다.

우리는 생명연대의 질서를 파괴하고 약자의 생명을 질곡으로 빠뜨리는 제도와 정신을 신봉하는 죄를 지었습니다. 효율과 합리성의 이름으로 생명질서를 조작하고 깨뜨려 온 현대 과학의 거짓된 약속에 매혹되어, 다른 생명을 유린한 대가로 얻어진 편리와 풍요의 물질문화에 탐닉하였습니다. 모든 생명이 고유하게 지닌 아름다움을 직시하는 지혜를 양육하기는커녕, 각 생명의 주체가 누려야 할 충만한 기쁨을 지키는 일에도 힘쓰지 못하였습니다. 사회와 역사와 우주 안의 모든 생명의 공생을 위한 공동체적 이상을 잃어버리고, 욕망과 소비와 정복에 기초한 죽임의 문명을 편들어, 생태적 파멸의 위기를 초래한 우리의 죄를 참회합니다.

하나님 나라를 앞당겨 살아야만 할 교회는 종교적 이상과 양심을 잃은 채, 교권에 의존하는 오만에 물들고 교리만을 신봉하는 분열에 중독되었습니다. 화해와 평화의 참된 종교정신을 파괴하는 제국주의적 선교를 일삼고, 각종 배타적 차별을 당연하게 여기며, 교회 안에서부터 비민주적인 제도와 질서를 유지하면서, 개교회의 성장만을 꿈꾸는 죄를 지었습니다. 지혜롭고 의롭고 공평하고 정직한 마음(잠 1:3)을 양육하여 하늘과 역사의 제단에 바치기보다는, 이 세상의 풍요와 저 세상의 구원을 약속하는 종교적 안일에 빠진 죄를 참회합니다.


## 우리의 신앙 고백, 다짐과 촉구

이제 우리는 그리스도인으로서 신앙을 다시 한 번 고백하고, 성서의 가르침과 신앙의 양심에 따라 새로운 길로 나아갈 것을 다짐하며, 이 길에 한국의 그리스도인이 함께할 것을 촉구합니다.

(1) 우리는 성서에 기록된 대로, 하나님께서 해와 달과 별, 우주와 자연 그 안에 생명을 창조하신 것을 믿습니다. 모든 생명은 하나님께로부터 왔기에 각 생명체는 자신의 생명을 유지하고 충만하게 할 권리

를 가지고 있습니다. 하나님은 당신의 형상대로 인간을 만드실 때 남자와 여자로 창조하시고, 우리에게 생명을 살려나가고 성장할 수 있도록 돕는 책임을 주셨습니다(창 1:27-29).

우리는 참된 문명의 번성과 성장이란 하나님의 창조질서를 보전하는 것임을 믿습니다. 하나님이 창조하신 우주의 만물은 공생과 상생의 공동체를 이루며, 서로 얽혀 서로를 의지하여 살아갑니다. 따라서 우주를 이루는 각 사물이 자신의 자리에서 다른 사물과 바른 관계를 맺을 때, 우주 만물의 관계가 정의로울 수 있습니다. 어느 일부에게 희생을 강요하는 일은 하나님의 뜻을 거스르는 행위입니다. 우리는 각자 조화로운 관계 속에서 온 생명이 충만한 기쁨을 누릴 수 있는 창조질서가 지켜질 때, 평화를 누릴 수 있음을 믿습니다.

따라서 만물이 저마다 평화와 안식을 누리는 질서를 지키며, 이 진리를 드높이고 살리는 정신을 찬양하는 것이 우리가 추구하는 신앙과 새로운 문화의 비전입니다. 하나님 대신 자신의 힘과 풍요를 구하는 것은 우상숭배요, 더욱 많이 얻기 위해 패권을 휘두르고 전쟁을 일으키는 일은 죄악입니다. 우리는 만물의 상호의존과 상호결합에 대하여 눈뜨고 아우르는 일의 중요성을 믿습니다. 생명공동체 속에서 생명의 존귀함과 아름다움을 나누고 가꾸는 감수성과 열정과 영적 헌신을 배양하고 훈련하는 것이 무엇보다 필요합니다.

이를 위해 우리는 무엇보다 전쟁에 반대합니다. 전쟁은 생명과 평화를 깨뜨리는 가장 커다란 악입니다. 국가와 민족 간의 이해와 소통과 협력을 통해서, 전쟁이 촉발될 수 있는 조건과 요인들이 적극적으로 제거될 수 있도록 해야 합니다. 한반도는 물론이요 아시아와 온 세계에서 전쟁은 억제돼야 하고 제도적으로 폐지돼야 합니다. 특히 제국주의적 패권 전쟁은 종식돼야 하고, 강자가 약자를 통제하는 수단으로

악용되면서 지구의 멸망을 담보로 마련된 핵무기는 모두 폐기돼야 합니다.

우리가 사는 한반도는 무엇보다 전쟁의 위협이 없는 평화가 절실합니다. 한반도 평화는 분단을 종식하고 통일을 성취함으로써 이룰 수 있다고 믿습니다. 통일을 준비하기 위해, 현재의 정전협정은 평화협정으로 대체되어 한국전쟁이 깨끗이 마무리돼야 합니다. 남과 북은 군비를 축소하고, 상대방을 옥죄는 전쟁 연습을 중지하며, 외국 군대를 철수시켜 민족의 자결과 자주를 실현해야 합니다. 남과 북이 교류하고 왕래할 수 있는 다각적 길을 열어가며, 평화로운 통일의 기운이 이 땅에 일어나도록 힘써야 합니다. 그리고 그 평화가 동북아시아는 물론이요 온 세계로 퍼져 나가도록 책임과 사명을 감당해야 합니다.

또한 우리는 창조주 하나님을 향한 진정한 신앙고백이 땅과의 올바른 관계회복에서 비롯됨을 믿습니다. 오늘의 문명은 '생명'인 땅을 물질로 대상화하고, 인류의 삶과 문화의 뿌리요 토대인 농업을 경제적 계량과 수치로만 환산하는 어리석음을 저지르고 있습니다. 성서는 땅으로부터 유리된 가인의 후손이 소비와 폭력의 도시문명을 세울 수밖에 없었음을 기록하고 있습니다. 그 비극이 현재 우리 사회에서도 재현, 확대되고 있습니다. 우리는 땅을 '생명'으로 여기는 믿음과 삶의 방식을 회복해야 합니다. 그리고 이에 수반하는 농업의 복권과 그 문화의 창조적 계승을 통해 하나님이 창조주이심을 고백하는 우리의 믿음을 보여야 할 것입니다.


(2) 하나님은 육신이 되어 우리 가운데 오셨습니다(요 1:14). 이는 인간과 세상과 육체에 대한 하나님의 긍정이며, 하나님 자신이 낮고 천한 자리에 오셔서 우리가 어떻게 정의와 평화를 이룰 수 있는지 보여

주신 사건입니다. 예수 그리스도의 삶과 가르침은 그 하나님의 정의와 평화를 드러냅니다.

예수 그리스도는 가난한 자들이 기뻐하고, 병자와 장애인이 걷고 뛰며, 죄인으로 여겨져 차별당해 온 약자들이 모두 하나님의 자녀로 존중받는 하나님 나라가 이 땅에 이루어지도록 기도하셨고 그 나라의 삶을 앞당겨 사셨습니다. 예수 그리스도는 세상의 기득권을 당연한 것으로 여기지 않으시고 정의롭고 평화로운 하나님 나라를 일구고자 하셨기에 기성 종교지배체제와 로마제국의 권력은 신성 모독죄와 정치범으로 주님을 십자가에 매달았습니다.

그러나 예수 그리스도의 죽음은 도리어 고난 받는 약자를 대신하는 죽음이요, 이 한 번의 죽음으로 말미암아 구원을 이루어 가는 것(히 7:27)으로 고백되었습니다. 우리는 그 십자가 사건이 현실의 수많은 고난의 현장에서 재현되고 있는 것을 보면서, 더 이상 억울한 죽음이 생겨나지 않도록 강자가 악을 행하는 자리에서 물러나기까지 투쟁해야 한다고 다짐합니다.

우리의 그 같은 다짐과 믿음은 예수 그리스도께서 죽음을 뚫고 일어나신 사건에 힘입어 강건합니다. 주님은 부활하심으로써 사망과 죽임의 세력이 끝내 승리하지 못하도록 하셨습니다. 세상의 권세들은 오늘 우리에게 죽음을 담보로 협박하여 세상의 질서에 굴종하도록 강요합니다. 그러나 부활하신 주님은 불의와 타협하도록 하는 죽음의 쏘는 독침을 무력하게 하셨으며, 결국 진리가 승리함을 확인시켜 주셨습니다(고전 15:55-58).

예수 그리스도는 하나님 나라의 평화를 선포하셨습니다. 그 평화는 만물이 바른 관계를 맺으며 생명의 충만함을 누리는 경지입니다. 그 평화는 사랑과 정의의 열매입니다. 평화의 왕이신 예수 그리스도는 그의 뒤를 따르는 모든 그리스도인이 평화를 위해 일할 것을 당부하십니다.

우리는 그리스도가 꿈꾼 하나님 나라가 평화와 정의의 세상이라고 믿습니다(사 45:7-8). 정의롭고 평화로운 세상을 위해 우리는 민주주의 정치를 신뢰합니다. 우리는 정부와 지방자치단체가 진정한 민주주의 원칙에 따라 운영돼야 한다고 믿습니다. 대의제 민주주의의 함정에서 벗어나기 위해서는, 삶의 다양한 맥락에서 생겨난 생활상의 요구가 아래로부터 모이는 힘을 기반으로 해서 운영돼야 합니다. 이것은 시민사회의 민주세력들이 벌이는 운동을 매개로 하여 다원적인 정치가 활성화되어야 함을 의미합니다.

민주주의는 인간의 기본적 권리와 사회적 권리를 필요로 합니다. 양심과 신앙의 자유, 언론·출판·집회·결사의 자유 등, 인권을 유지하는 삶을 형성하고 펼칠 수 있는 기본 권리를 옹호해야 함은 당연한 일입니다. 그와 마찬가지로 각 개인이 자신의 삶의 위기와 위험을 홀로 감당해 낼 수 없을 만큼 복잡해진 현대 사회에서는 연대를 통해 더욱 큰 정의를 구현할 수 있는 제반 권리를 키워가는 것이 중요합니다.

정의와 평화를 이루기 위해서는 경제적 민주주의 또한 추구돼야 합니다. 경제적 합리성은 반드시 사회적 연대성을 통해서 검토돼야 합니다. 성장과 복지는 균형을 유지하는 것을 넘어서, 경제적 약자의 고통을 해결하는 것을 목표로 조정돼야 합니다. 특히 소유의 권리는 개인의 자유와 존엄을 보장하기 위해 필요한 것이지만, 그것이 공동체의 복지를 위한 사회적 책임을 면제받은 신성불가침의 권리는 아닙니다. 따라서 자본이 국내외 민중의 삶을 피폐하게 만들지 않고, 사회적 책임을 다할 수 있도록 제도가 마련돼야 합니다. 이를 통해 우리는 정의와 평화의 공동체에 대한 기본적인 희망을 세울 수 있습니다.

(3) 성령은 생명을 주시는 하나님의 영이요, 정의와 평화를 이루어 가시는 하나님의 힘임을 우리는 믿습니다. 성령은 우리에게 그리스도를 본받아 십자가를 지게 하시고, 부활하신 그리스도가 이루신 승리를 확신케 하십니다. 성령은 생명이 충만하며 정의롭고 평화로운 세상을 이루도록 우리를 보내십니다. 우리가 살아가는 이 세상에는 복잡한 이해관계와 다양한 종교와 문화와 가치가 공존합니다. 우리는 이 다양성이 인류와 온 생명이 풍성한 삶을 살아갈 수 있는 토대요 조건이라고 믿습니다. 성령은 우리들이 개인적이고 집단적인 이기심과 차이를 넘어설 수 있는 지혜와 용기를 주시며, 새로운 공동체를 이루도록 우리를 하나 되게 감동을 주시고 격려하십니다.

생명의 영이요 평화의 힘이신 성령의 보살핌 가운데, 우리는 새로운 공동체를 향한 비전을 갖습니다. 우리는 어려움을 당하고 있는 북한의 자매형제들을 지원하고 협력하기 위해 이념적 차이를 넘습니다. 우리는 한국에서 일하고 있는 이주 노동자들의 노동주권과 정당한 인권이 보장될 수 있는 정의로운 관계를 형성하기 위해 피부색과 언어·문화의 차이를 넘습니다. 우리는 유구한 한국의 역사에서 형성된 다양하고 풍요로운 종교·문화적 가치를 소중하게 생각합니다. 우리는 생태환경을 이윤창출의 대상으로 생각하는 〈4대강 개발사업〉을 비롯한 각종 개발주의 경제정책에 단호히 반대하며, 인간과 자연 사이에 가로놓인 생명의 유기체적 고리를 지켜가는 활동을 벌여나갈 것입니다. 우리는 민족적 이해관계를 넘어서 아시아와 온 세계 민중들의 생명이 존중될 수 있는 정의로운 평화가 정착되도록 헌신하고자 합니다. 우리는 이러한 생명과 평화의 비전이 온 생태계와 우주적 지평으로까지 확장될 수 있도록 힘쓸 것입니다.

우리는 생명의 영이신 성령 안에서 교회가 그리스도의 몸으로서 사랑으로 연결된 공동체임을 믿습니다. 교회는 성령의 능력 가운데 새로운 피조물이 되어, 모든 생명이 맺어야 할 관계의 본보기를 이루어 가는 곳입니다. 교회는 교회 자체가 궁극적인 목적이 아니요, 예수 그리스도의 뒤를 따라 하나님 나라를 위해 일하는 공동체입니다. 우리는 한국 교회가 생명과 평화를 향한 길에 동참할 것을 촉구합니다.

한국 교회는 대형화의 강박에서 벗어나 우리 사회의 작은 자를 섬기는 공동체가 되어야 할 것입니다. 가난한 사람과 사회적 약자를 돌보고 장애인을 환영하는 공동체가 돼야 합니다. 교회 안에서는 성차별이 없어야 하며, 외국인 노동자와 다문화 가정이 환영받을 수 있어야 합니다. 교회는 폐쇄적이고 배타적인 교조주의에서 벗어나 열린 공동체로서 한국의 전통 종교와 대화하고 연대하면서 사회변혁운동과 생명평화운동에 동참해야 합니다. 한국 교회의 국내외적 선교는 정복적이며 일방적인 전도 행위에서 탈피하여, 섬기고 봉사하는 하나님 나라의 선교운동으로 전환돼야 합니다.

이를 위해 한국 교회는 민주적 정신으로 운영되어야 합니다. 권위주의적 교권질서는 극복되어야 하며, 담임목사직 세습이라는 극단적인 행태가 불식될 수 있는 제도가 시급히 마련돼야 합니다. 교회의 재정과 헌금은 그 용처에 대한 성서의 가르침에 따라 투명하게 운영돼야 합니다. 목사후보생의 교육을 맡은 대학은 개방적이고 포용적인 정신이 담긴 신학교육을 제공하면서, 각 교단의 목사수급 상황에 따라 적정 인원을 배출해야 할 것입니다.

## 생명과 평화를 위한 연대

우리는 생명과 평화를 위해 헌신하기를 다짐하며, 앞으로 우리가 선 자리에서 다음과 같이 행동할 것을 천명합니다.

지역사회의 차원에서, 우리는 지역 교회와 기독교 공동체로서 종교 간 장벽을 넘어 대화와 상생을 위해 이웃 종교들과 연대하며, 시민사회 네트워크를 통해서 민중의 실질적 소통과 통합을 촉진하고, 그들과 더불어 생동감 있는 공동체를 이룩해 갈 것입니다. 우리는 교육과 입시, 미디어의 문제를 비롯한 여성 권익의 신장과 가부장제 문화의 해소, 환경보호, 도농 간 협력과 교류, 작은 것을 함께 나누는 운동, 인종 차별의 철폐와 다문화 공동체 운동 등 다양한 시민사회적 실천을 촉진하고 그 실천과 함께할 것입니다.

국가적 차원에서, 우리는 정부가 나라를 민주적으로 운영하고, 정치경제적인 과제를 책임 있게 구현하고, 인간과 노동과 생태계의 복리를 실현하기 위해 전 지구적 네트워크를 규율하는 일에 나서도록 압력을 행사할 것입니다. 우리는 시대의 문제를 깊이 인식하고, 그 문제를 해결하는 데 필요한 제안을 정부에 성실히 제시하면서, 교회에 주어진 공공성 위임에 충실할 것입니다. 그 같은 과제를 수행하기 위해 우리는 한국기독교교회협의회(NCCK)와 각 교단의 총회가 정부를 상대로 하여 생명과 평화를 위한 정치 경제적 대안을 제시할 것을 촉구할 것입니다.

역내 차원에서, 우리는 국가 간의 다자간 협정과 쌍무협정이 활발하게 체결되는 오늘의 상황에서 정치경제적 대안이 명료하게 제시될 수 있도록 노력할 것입니다. 우리는 지역사회와 국민경제 차원에서 사회경제적 발전과 인간 개발을 억압하는 불공정한 자유무역협정(FTA)에 반대하고 그 폐해를 지적할 것입니다. 지역공동체의 사회문화적 전통과 생태학적 여건을 파괴하는 시장만능주의의 확산을 저지할 것입니다. 또한 자본과 국가가 내리는 중요한 결정을 감시하고 규제하며, 각 대륙의 권역에 속해 있는 교회 기구들과 연대하여 인간과 생태계의 생명을 지키는 활동을 전개할 것입니다.

세계적 차원에서, 우리는 신자유주의적 세계화 과정에서 비롯된 문제들을 해결하기 위해 아시아기독교협의회(CCA)와 세계교회협의회(WCC) 차원에서 생명평화운동을 펼쳐 나갈 것을 촉구할 것입니다. 우리는 정의롭고 참여적이고 지속가능한 사회에 대한 논의(JPSS), 정의·평화·창조세계의 보전을 위한 공의회 과정(JPIC) 등을 통해 생명과 평화의 비전을 공유하게 된 세계 교회의 자매형제들과 함께 지구 사회의 문제를 해결하는 일을 벌여 나갈 것입니다. 지구적 차원에서 생명과 평화를 구현하는 대안이 제시되고, 국제기구들을 활용하여 그 비전이 구현될 수 있도록 촉구하고 활동할 것입니다.

"그리스도께서 우리를 해방시켜 주셔서 자유를 누리게 하셨습니다. 그러므로 굳게 서서 다시는 종살이의 멍에를 메지 마십시오. 여러분은 그 자유를 육체의 욕망을 만족시키는 구실로 삼지 말고 사랑으로 서로 섬기십시오. 모든 율법은 '네 이웃을 네 몸과 같이 사랑하라' 하신 한 마디 말씀 속에 다 들어 있습니다"(갈 5:1, 13, 14).

— 〈생명과 평화를 여는 2010년 한국 그리스도인 선언〉 참가자

# 2010 Declaration of Faith for Life and Peace Issued by Korean Christians on Easter Day 2010

2010 is a remarkable year. It is the 100th anniversary of Kyongsul, the year of national shame when Japan annexed the Korean peninsula in 1910; the 60th anniversary of the national tragedy of the Korean War; the 50th anniversary of the April 19th Revolution and the 30th anniversary of the May 18th Gwangju Democratic Movement, both marking people's victories in the fight for democracy; and finally the 10th anniversary of the June 15th North-South Joint Declaration, a critical turning point in inter-Korean relations. Accordingly, what lies before us is the task of realizing a new revitalization based on the wisdom we have collected from the critical junctures of our history. On this Easter day in the year 2010, as Korean Christians who believe in the Cross and the Resurrection of Jesus Christ, we declare a faith that seeks life and peace for the church, the people, and the world.

In joining our hands and hearts with our people in their hardships and hopes, we have a proud tradition of following Jesus Christ to resist and fight against the forces of evil. From our participation in the March 1, 1919 Independence Movement to our frontline activism throughout the democratization movement against the military dictatorships of the 1970's and 1980's, we Christians have always played an integral role in the pursuit of reconciliation and reunification of our nation, trying to overcome the aftermath of national war and division between North and South Korea. This is the context in which the "Theological Declaration of Korean Christians, 1973" and the "Declaration of the Korean Church for Unification of the Korean People and Peace on the Korean Peninsula, 1988" were formulated.

We are deeply repentant, however, for having abandoned on countless occasions the path of sacrifice and devotion to achieve salvation and liberation for our people—a path demonstrated to us by Jesus Christ, who bore the weight of the Cross on his shoulders. Most of all we repent for the shameful situation that is the current reality of Korean Christian communities. And hence we yearn to stand up once again as faithful Christians who seek to realize God's Sovereignty in our history and among our people.

Facing the grim reality that justice, peace and life are cur-
rently being destroyed in their entirety, we proclaim our faith
to overcome this reality, and resolve to act on our faith. As
Paul declared in Romans 8:22, "we know that the whole crea-
tion has been groaning in labor pains until now." In today's
brutal reality, with all living beings placed in mortal danger,
we seek to participate in God's work to liberate the weak from
violence and to reclaim the sound order of life.


## The Signs of the Times and Our Repentance

In our land today, all efforts toward life and peace are under
dangerous threat. The neo-liberal economic order, driven by
unlimited competition, has created social polarization. In the
rural areas, farmers who can till the land are rapidly
disappearing. In the last 10 years, temporary and contract
workers have risen in number to comprise more than half of
all laborers, and youth unemployment has become a critical
social issue. Government policies that benefit only the fam-
ily-owned conglomerates have effectively trampled on the
people's right to life. Urban redevelopment plans driven sole-
ly for capitalist profit have cast out the poor into the streets,
resulting in the Yongsan tragedy and portending many similar
disasters to come. The current government's policy towards

North Korea has incited serious dissension and discord, destroying all progress made by the past administrations toward reconciliation and reunification. The all-powerful ruling party, with the support of the conservative press and big business, has unilaterally pushed forward policies that have created a politics completely lacking in transparency or accountability. Through its efforts to dominate and control the free press and culture through unjustifiable legislation, to purge targeted persons, and even to control the nation's judicial system, the current administration has placed democracy itself in a state of severe crisis. The euphemistically named "Saving Four Rivers Project," which prioritizes indiscriminate industrial development above all other considerations, is currently destroying people's livelihoods and life bases, and in the process is annihilating the fundamental respect for life.

This brutal reality is not unrelated to the ongoing destruction of life that is taking place outside of our national borders. In today's world, powers that threaten life and peace are reigning supreme with no signs of resistance; the forced suffering and sacrifice of human beings and all other forms of life are taking place around the globe. The neoliberal economic order and associated hegemonic military politics threaten liberty, basic rights, the right to life of humans and other living beings, and national self-determination for the people of the world.

What is more, our culture nowadays is rapidly transforming into a "death culture" in which morality and appreciation of true beauty are trod underfoot and replaced with the glorification of greed and pleasure. Though modern civilization values the utility of scientific technology to control and manipulate life wherever it exists, it is increasingly mindless of the value of life itself, as well as what makes life worth living: love, justice, and peace. As a result, the 21st century, which was to be a century of hope, has instead become a time in which our very existence is in fatal danger. While all around the globe we witness ominous signs of environmental destruction threatening the basic order of all living things, human greed is accelerating the destruction of humankind and has even opened up the possibility of universal catastrophe.

Though we live in such an age of danger and despair, we Korean Christians are not following the example of Jesus Christ. First and foremost, we confess our own sins of turning away from Christ, who bore the suffering of all creation on the Cross and thereby gave birth to a new life order.

We have not lived as the Bible commands: "But let justice roll on like a river, righteousness like a never-failing stream!"

(Amos 5:24) Instead, in worshipping idols of mammon which are indeed silver and gold (Psalms 115:4), we have sinned by submitting to greed and by participating in a cruel social order that demands the constant sacrifice of the poor. We have sinned by tolerating a savage society where dominance and violence have become routine, where the law of the jungle and "survival of the fittest" are condoned. Despite the costly lessons of the tragic Korean War, we have become indifferent to the division under the Cold War system whereby we treat our fellow people in the North as enemies, while relying on military force and weaponry to maintain our separation. We must repent of the sin of silently sanctioning war ideology and accommodating the aggressive reorganization of the global order through an imperialistic system.

We have sinned by turning our faith into a mindset and system in which the weak are made captive and the order of life is trampled. In the name of rationality and efficiency, we have bought into the false promises of modern science, which has fragmented and manipulated the order of life. We have become addicted to a materialistic culture which offers luxury and comfort at the cost of other life forms. Instead of aspiring for the wisdom to foster the natural beauty contained in all those lives, we have neglected efforts even to safeguard the basic joy that is the right of every living being. We have lost sight of the communal ideals and truths evident in society, history and the universe, and instead thrown in our lot with a culture of death based on submission to greed and consumption. We are deeply penitent for our sin of standing by and bringing about the crisis of environmental destruction.

Rather than living to advance God's Sovereignty on earth, the church has abandoned its spiritual ideals and conscience and instead has become addicted to continual conflict driven by dogmatic exclusiveness and ecclesiastic arrogance. We have sinned by dreaming of individual church growth only, while maintaining an anti-democratic order and system within the church, taking for granted all sorts of discrimination, and being devoted to an imperialistic missionary project that violates reconciliation and peace, the true spirit of religion. We repent that we have fallen into a religious indolence seeking wealth in this world and salvation in the next, rather than placing on the altar of history and of heaven the fostering of "a disciplined and prudent life, doing what is right and just and fair"(Proverb 1:3).

## Our Confession of Faith, Pledge, and Call to Action

Today we once again reaffirm our faith as Christians, pledge to follow a new path based on the teachings of the Bible and our religious conscience, and call upon all Korean Christians to join us on this path.

(1) We affirm our faith that God created the sun, the moon, the stars, the universe and nature and all forms of life as re-corded in the Bible.  Since all life originated from God, all living things are endowed with the inalienable right to lead and find fulfillment in their lives. God created human beings in God's own image, created humans as male and female, and gave us the responsibility to protect and nurture all living things(Genesis 1:27-29).

We believe that the prosperity and growth of civilization is the continuation of God's creation and preservation.  All that is natural in the universe as created by God lives communally and symbiotically, depending on others for existence. In this way, the order of the universe is just and balanced only when all things serve their roles and form proper relationships with one other. Demanding unilateral sacrifice from any specific portion of what exists in nature is contrary to God's will. We believe that peace is attainable only when we can restore and protect the natural order of creation, where all living beings can pursue happiness and fulfillment within a framework of mutually harmonious relations.

Thus, our vision of a new culture and faith is one in which we celebrate and lift up this truth: that all things in nature must be allowed to enjoy peace and security under a harmonious order. To pursue individual power and luxury instead of seeking God is idol worship. Waging war and dominating others for profit and gain is a sin and a crime. We believe in the necessity of working towards the mutual and symbiotic existence of all things under the sun. Under such a system of communal living, what is required most of all is the training and nurturing of spiritual self-sacrifice, as well as an appreciation and passion for the beauty of life.

For this, we are most of all opposed to war. War is the greatest evil, destroying peace and life alike. Through cross-national and cross-ethnic understanding, communication, and cooperation, we must continually and actively root out the conditions and factors which encourage war. War must be suppressed and made institutionally impossible not only on the Korean Peninsula, but all across Asia and the rest of the world. In particular, warfare based on imperialistic and hegemonic instincts must be put to an end, and all nuclear weaponry, designed for the strong to control the weak and employing the potential for global destruction as leverage, must be put into permanent disuse.

In particular, the Korean peninsula in which we live is in dire need of peace without threat of war. We believe peace on the Korean peninsula can only be achieved by ending the division and achieving reunification. In preparation for reunification, the current cease-fire agreement must be replaced with a peace agreement, putting an end once and for all to the Korean War. Both North and South should reduce their armed forces, halt their provocative war exercises, speed the withdrawal of foreign military troops, and allow for true self-determination by the Korean people. We must open all possible pathways for North-South communication and exchange, and encourage an atmosphere for peaceful reunification. We must take as our mission and responsibility to spread this peace throughout East Asia and the rest of the world.

Furthermore, we believe that a true confession of our faith in God the Creator must include reestablishing a righteous relationship to earth. In our current civilization, earth which represents "life" is treated in material terms; and the value of agriculture, which is the source of human life and culture, is gauged by production quantity and numerical value. The Bible records that the descendants of a family separated from the earth cannot but rely on a city culture based on consumption and violence. Today this tragedy is being reenacted at a society-wide level. We must recover a way of life that believes in the earth as "life." This belief demands that we restore the vitality of agriculture and the creative cultural inheritance associated with working the land; in this way we must proclaim our faith that God is the creator.

(2) "The Word became flesh and made his dwelling among us"(John 1:14). This is God's affirmation of the human being, the world, and the physical body, and marks how God lowered God-self from heaven to show us how to achieve justice and peace. Indeed, the life and teachings of Jesus Christ reveal God's justice and peace.

Jesus Christ prayed and lived for the realization of heaven on earth: where the poor can feel joy, where the ill and infirm walk and run, and where the weak who were treated as sinners are embraced as God's children. Jesus Christ did not accept as given the world's concept of property and vested interests, but instead labored to realize God's Sovereignty of justice and peace. For this reason the powers in the Roman Empire, along with the existing dominant religious system, crucified Jesus on the Cross for political crimes and blasphemy. However, it was confessed that Jesus Christ's death was "for those of the people, since he did this once for all when he offered up himself"(Hebrews 7:27). Seeing this event of the Cross being re-enacted today in various places of suffering, we pledge to fight evildoers until wrongful death and sacrifice is no longer possible.

Our pledge and dedication is strengthened by Jesus Christ rising from death. Through resurrection, Jesus ensured that the powers of death and decay would in the end be defeated. The powerful of the world hold us hostage by threatening death, forcing us to submit to the worldly order. But the poisonous sting of death, which forces us to compromise with injustice, was made harmless by the risen Christ, confirming that truth will overcome in the end (Corinthians 15:55-58).

Jesus Christ proclaimed the peace of heaven. This peace is a condition in which all things under the sky are related properly to each other and together pursue the fulfillment of life. This peace is the fruit of love and justice. Jesus Christ, the king of peace, entreats all of us Christians who follow him to work for peace.

We believe that God's Sovereignty on earth that Christ dreamed of it is a world of peace and justice (Isaiah 45:7-8). We further depend on democratic politics to create a just and peaceful world. Thus, we believe that the central government and local public organizations must be guided by true democratic principles. In order to escape the pitfalls of representative democracy, we must gather, in a bottom-up fashion, the voices that emerge from various walks of life. In short, what is necessary is a pluralistic politics where democratic activism in civil society functions as intermediary with the people.

A true democracy requires that basic human and social rights are protected. Freedom of conscience and religion, as well as freedom of the press, publication, organization, association, etc. are among the basic rights that must be safeguarded to lead a life of decency. Similarly, because the complex modern society threatens the livelihood of isolated individuals, it is important to foster solidarity and association, which empower justice.

In order to achieve justice and peace, a democratic economics is also essential. Economic rationality must be examined through the lens of social solidarity. Growth and prosperity must go beyond simply maintaining balance; we must set as a goal the eradication of the suffering of the have-nots. In particular, while the concept of private ownership is necessary to protect individual liberty and dignity, it is not a sacred, inviolable right that is exempt from social responsibility for public welfare. Thus, we must construct a system where capital is socially responsible and does not impoverish the livelihood of the people. Only through such measures can we begin to hope for a just and peaceful community.

(3) We believe the Holy Spirit is God's life-giving spirit, and God's power that grants us justice and peace. The Holy Spirit asks us to bear the Cross as Jesus did, and it also confirms the victory of his resurrection. The Holy Spirit sends us forth to bring to fruition a world of justice and peace where life is in abundance. In this world we live in, complex interests co-exist with various religious and cultural values. We believe this diversity is the foundation for humankind and all living things to lead plentiful lives. The Holy Spirit grants us wisdom and courage to overcome individual and group interests and differences, and urges and motivates us to create a new community where we are united as one.

The Holy Spirit, spirit of life and source of peace, protects us as we dream of the vision of a new community. We overcome ideological barriers to support and work together with our brothers and sisters who are suffering in North Korea. We overcome differences in skin color, language, and culture to create just relations through which immigrant laborers in Korea can be assured of their labor and human rights. We hold dear the richness and diversity of the religious and cultural values formed through the long history of Korea. We strenuously oppose the "Four Rivers Development Project" and other such developmental economic policies that treat the natural environment as a profit-generating commodity, and will work tirelessly to protect the organic linkage between humans and nature. We are devoted to realizing a just peace in which all life is respected, a peace that reaches beyond national boundaries and encompasses the citizens of East Asia and the world as a whole. We will work until this vision of life and peace extends to all life and to the ends of the universe.

In the name of the Holy Spirit, the spirit of life, we believe the church is a community joined in the love and body of Christ. The church is a new creation accomplished by the power of the Holy Spirit, a place where we strive to create the best example of proper relations among all forms of life. The church in and of itself is not the final goal; the church is a community where we follow in the footsteps of Jesus Christ to work for God's Sovereignty. We pray that the Korean church will join this path to life and peace.

The Korean church must overcome its obsession with size and magnitude and become a community serving those who have been left behind in society. The church must become a community that welcomes the infirm and looks after the poor and the weak. Gender discrimination in the church must be weeded out, and the church must be a place of welcome for immigrant laborers and multi-cultural families. The church must overcome closed and exclusive sectarianism, reforming itself as an open community that dialogues and forms bonds of solidarity with other traditional religions in Korea. The church must participate in the movement for social reform, for life, and for peace. The Korean church must end its subjugating, unilateral missionary activity at home and abroad, converting such activity to true missionary work characterized by service and sacrifice to God's Sovereignty.

To achieve all of these things the Korean church must operate according to democratic principles. The church's authoritarian power structure must be replaced with a new system that eradicates the customary hierarchical organization with a head-pastor at the top. The church's offering collection and finances must be used transparently according to the teachings of the Bible. Our theological seminaries, whose goal is to produce future ministers, should provide a theological education that is open and inclusive, allocating proper numbers of graduates according to each church's need for ministers.

## A Solidarity for Life and Peace

We pledge to commit ourselves to life and peace, and swear that wherever we may be, we will act as follows:

From a local perspective, as local Christian churches, we will strive to overcome religious barriers to form solidarity with other neighboring religious organizations through dialogue and cooperation. Through civil society networks, we will encourage true understanding and unification of the people, and seek to create a vibrant community together. We will encourage and participate in various civil society movements for reform, such as education for college admission, problems in mass media, expansion of women's rights and interests, reform of the patriarchal social structure, environmental protection, collaboration with labor, eradication of racial discrimination and movement for multi-cultural community.

From a national perspective, we will pressure the government to operate according to democratic principles, to solve political and economic issues responsibly, and to actively work to create international networks that restore the balance between humans, labor, and the environment. We will be vigilant to recognize the problems of our time, will submit sincere proposals to the government for the solution of these problems, and will stay true to the public responsibility commissioned to the church. To face these and other tasks, we will urge plenary assemblies of religious organizations such as the National Council of Churches in Korea (NCCK) and the general conference of each church denomination to propose to the national government political and economic alternatives that promote life and peace.

From a regional perspective, keeping in mind the current environment where multi- and bilateral trade agreements are being systematized at a rapid pace, we will seek to promote lucid and responsible political and economic alternatives. We oppose and will seek to point out the evil effects of unfair free trade agreements (FTA), which suppress local socio-economic growth and human development. We will work to impede the expansion of the free-market-as-panacea ideology, which destroys the socio-cultural traditions and livelihoods of local communities. We will seek to ameliorate and stand guard against harmful decisions made by business and government, and will work to form bonds of solidarity with church organizations from various continents for the purpose of preserving life for humanity as well as for the ecological system in which we live.

From a global perspective, we will encourage the life and peace movement through organizations such as the Christian Conference of Asia (CCA) and the World Council of Churches (WCC) in order to address the various problems arising from the process of neoliberal globalization. We will engage in efforts to solve problems facing global society together with brothers and sisters in the world's church who share our vision of life and peace through debates on achieving a just, participatory, and sustainable society (JPSS), impartial forums on justice, peace, and integrity of creation (JPIC), and other means. We will work to realize this vision through international organizations, and by presenting alternatives that promote life and peace in the world.

"It is for freedom that Christ has set us free. Stand firm, then, and do not let yourselves be burdened again by a yoke of slavery. You, my brothers and sisters, were called to be free. But do not use your freedom to indulge the sinful nature; rather, serve one another in love. The entire law is summed up in a single command: 'Love your neighbor as yourself'" (Galatians 5:1, 13, 14).

## 〈생명평화마당〉은,

1. 한국 교회의 갱신과 생명정의평화의 세상을 꿈꾸는 개신교 운동입니다.
2. 올바른 신앙정립(신학)과 성례전적 예수공동체 형성(교회), 그리고 이
   땅에 이루어질 하나님 나라(선교)를 지향합니다.
3. 예수 그리스도 안에서, 기독교운동의 담론과 실천적 대안을 마련하는 열
   린 마당입니다.


## '2010년 생명평화선언'에서 〈생명평화마당〉으로

### 제기 배경

물질문명에 대한 맹신과 욕망에 싸인 신자유주의와 정치군사적 패권주의로
피조세계의 온 생명이 위협당하고 있는 이 시대에, 그리스도인으로서 함께
아파하고 하나님 나라를 희구하기 위하여, 학계와 교계, 그리고 선교 기관들
이 함께 뜻을 모으기 시작하였습니다.


### 논의 과정

〈한국 그리스도인 선언〉(1973), 〈민족의 통일과 평화에 대한 한국기독교회
선언〉(1988)의 뜻을 계승하고자 학계, 교계, 사회선교 기관들이 마음을 모아,
- 2010년 1-2월 ┃ 신앙적 결의서로서 '선언문 작성'

- 3월 ㅣ '선언문 토론회' 개최, 동참자 모집(808명)

- 4월 3일 ㅣ '선언문 선포예배', 실행위원회 구성

- 5월 23일 ㅣ '선언위원 1차대회'

- 6월 24일 ㅣ '선언위원 2차대회'

- 8월 ㅣ '실행위원회 확대 정책회의(MT, 지리산)'

- 10월 25일 ㅣ '생명평화 심포지엄' 개최

- 12월 28일 ㅣ '선언위원 송년회' – 〈생명평화마당〉 사무국 개설, 익년 사업

  계획 밑그림 합의

- 2011년 2월 8일 ㅣ '생명평화마당 1차 포럼' 개최


## 향후 계획

〈생명평화마당〉의 주요사업(포럼, 심포지엄)과 위원회 활동을 활성화하여,
건강한 '생명평화교회'의 사역과 선교를 위한 연대활동을 추구하고자 합
니다.


주소 ㅣ 서울시 서대문구 충정로2가 35번지
전화 ㅣ 02-312-3317~9  전송 ㅣ 02-313-0261
http://cafe.daum.net/2010declaration

**공식후원 계좌**
국민은행 460201-04-009998 김희헌(2010선언)
CMS 문의: 김지목 간사(likefreewater@hanmail.net / 010-2213-9412)

**생명과 평화를 여는 그리스도인**

2011년 3월 4일 초판 1쇄 인쇄
2011년 3월 8일 초판 1쇄 발행

엮은이 | 생명평화마당
펴낸이 | 김영호
펴낸곳 | 도서출판 동연
등   록 | 제1-1383호(1992. 6. 12)
주   소 | 서울시 마포구 망원동2동 472-11 2층
전   화 | (02)335-2630
전   송 | (02)335-2640
이메일 | ymedia@paran.com



ISBN 978-89-6447-138-8  93200